轴心时代的波斯与中国
——张骞通西域前的丝绸之路

SINO-PERSIAN CULTURAL EXCHANGES IN THE AXIAL AGE

林梅村　著

BY LIN MEICUN

西北大学出版社

西安

图书在版编目（CIP）数据

轴心时代的波斯与中国：张骞通西域前的丝绸之路 / 林梅村著. -- 西安：西北大学出版社, 2021.9
ISBN 978-7-5604-4391-1

Ⅰ.①轴… Ⅱ.①林… Ⅲ.①文化交流－文化史－中国、波斯帝国 Ⅳ.①K203②K124.4

中国版本图书馆CIP数据核字(2019)第140525号

轴心时代的波斯与中国
——张骞通西域前的丝绸之路

林梅村 著

责任编辑	马若楠
拍　　摄	任超　梁鉴　刘拓　孙志军
绘　　图	郝春阳　洪雷
书籍设计	谢建尧　袁樱子
出版发行	西北大学出版社
地　　址	西安市太白北路229号
电　　话	（029）88303593　88302590
邮政编码	710069
印　　刷	雅昌文化（集团）有限公司
开　　本	965mm×635mm　1/8
印　　张	51.75
印　　数	1-2000
字　　数	310千字
版　　次	2021年9月第1版
印　　次	2021年9月第1次印刷
书　　号	ISBN 978-7-5604-4391-1
定　　价	780.00元
网　　址	http://nwupress.nwu.edu.cn

如有印装质量问题，请与本社联系调换，电话029－88302966。

西北大学出版社
天猫专营店

西北大学出版社
微信公众号

2018 年作者考察雅典卫城伊瑞克提翁神庙旁"波斯废墟"遗址

作者简介

　　林梅村，北京大学考古文博学院教授、故宫博物院客座研究员、北京联合大学特聘教授。1956 年 4 月生，祖籍广东，生长于北京。1977—1982 年，就读于北京大学历史系考古专业。毕业后分配至中国文物研究所，历任助理研究员、副研究员。1994 年受聘于北京大学考古系（今称"考古文博学院"），历任副教授、教授、博士生导师。2012 年至今，任联合国教科文组织国际古迹遗址理事会（ICOMOS）会员。1984 年至今，在英国《伦敦大学东方与非洲学院院刊》（BSOAS）、《古物》（Antiquity）、德国《中亚杂志》（CAJ）、日本《古代文化》、中国《考古学报》《文物》《考古》等海内外学术刊物发表论文二百余篇；出版《丝绸之路考古十五讲》（北京大学出版社，2006 年）、《大朝春秋——蒙元考古与艺术》（故宫出版社，2013 年）、《西域考古与艺术》（北京大学出版社，2017 年）、《观沧海——大航海时代诸文明的冲突与交流》（上海古籍出版社，2018 年）等学术专著十六部。

序 言
Preface

轴心时代是人类精神文明的重大突破时期。在轴心时代，各个文明都出现了伟大的精神导师——古希腊有苏格拉底、柏拉图、亚里士多德，古波斯有琐罗亚斯德，以色列有犹太教的先知，古印度有释迦牟尼，中国有老子、孔子……

1949年，德国哲学家卡尔·雅斯贝尔斯（Karl Jaspers）在新出版的《历史的起源与目标》（*Vom Ursprung und Ziel der Geschichte*）一书写道："看来要在公元前500年左右的时期内和在公元前800年至公元前200年的精神过程中，找到这个历史的轴心。正是在那里，我们同最深刻的历史分界线相遇，我们今天所了解的人开始出现。我们可以把它简称为'轴心期'。"他在该书第一节《轴心期之特征》分析说："在中国，孔子和老子非常活跃，中国所有的哲学流派，包括墨子、庄子、列子和诸子百家，都出现了。像中国一样，印度出现了《奥义书》（*Upanishads*）和佛陀（Buddha），探究了一直到怀疑主义、唯物主义、诡辩派和虚无主义的全部范围的哲学可能性。伊朗的琐罗亚斯德传授一种挑战性的观点，认为人世生活就是一场善与恶的斗争。在巴勒斯坦，从以利亚（Elijah）经由以赛亚（Isaiah）和耶利米（Jeremiah）到以赛亚第二（Deutero-Isaiah），先知们纷纷涌现。希腊贤哲如云，其中有荷马，哲学家巴门尼德、赫拉克利特和柏拉图，许多悲剧作者，以及修昔底德和阿基米德。在这数世纪内，这些名字所包含的一切，几乎同时在中国、印度和西方这三个互不知晓的地区发展起来"（卡尔·雅斯贝尔斯，1989年，第7-8页）。

确实，公元前6世纪哲人提出的思想原则塑造了不同的文化传统，也一直影响着人类的生活。尤为重要的是，虽然中国、印度、波斯和希腊之间远隔万水千山，却在文化方面有许多相通之处。在轴心时代，古希腊、古波斯、以色列、中国和印度文化都发生了"终极关怀的觉醒"。这些地方的人们开始用理性的方法、道德的方式来面对世界，同时也孕育了宗教。这是对原始文化的超越和突破，而超越和突破的不同类型，决定了今天西方、印度、中国和伊斯兰世界不同的文化形态。那些未能超越和突破的古文明，如巴比伦文明、古埃及文明，虽然貌似强大，却难以摆脱灭绝的命运，成为"失落的文明"。

考古发现表明，早在轴心时代，古希腊哲学就被千里迢迢传入遥远的中亚地区。法国考古队在阿富汗西北阿伊哈努姆古城齐纳斯（Kineas）神庙发掘出一块希腊文墓碑，上面刻有《德尔菲箴言》（*Delphic Maximsaximsaxims*）第143—147条。德尔菲（Delphi）是古希腊神秘之地。古希腊人认为，德尔菲是地球的中心。这些箴言原来镌刻于德尔菲太阳神庙门前，相传为太阳神阿波罗在德尔菲所赐神谕。其中三句流传甚广的至理名言是：

一、"人贵有自知之明"（Know yourself）；

二、"欲速则不达"（Nothing in excess）；

三、"人心叵测"（Commitment brings misfortune）。

不过，公元5世纪的学者斯托布斯（Stobaeus）认为，所谓"德尔菲神谕"实乃七位古希腊圣贤的格言。现代学者则认为，它们应是古希腊流行的谚语。

这块墓碑上还刻有献给古希腊索里的哲学家科利尔克斯（Clearchos of Soli）的赞美诗，感谢他馈赠《德尔菲箴言》抄本。此人来自古希腊的索里（Soli，在今土耳其东部西里西亚），他是亚里士多德的信徒，潜心研究人类行为和控制社会关系的道德准则，并对宗教思想起源颇感兴趣。他认为，宗教思想源于东方，从波斯传播至印度，再传到犹太。这也是他不远万里前往大夏、阿伊哈努姆等地探险之原因所在（Leslie Kurke, 2010, p.124）。

据公元前2世纪希腊地理学家斯特拉波《地理志》（Strabo, XI.II.I）记载："大夏国王们始终不断地把自己的领地向赛里斯（Seres "中国"）和富尼人（Phryni "匈奴"）地区扩张"（戈岱司，1987年，第4页）。公元前5世纪末，希腊尼达斯城作家克泰夏斯（Ctesias of Cnidus），最早以"赛里斯"（Seres）一词来称呼中国。此人早年为古波斯王阿塔薛西斯二世的御用医师。公元前398年—前397年返回家乡希腊。他在《波斯志》一书写道："据传闻，赛里斯人和北印度人身材高大，甚至可以发现一些身高十三肘（Coudée，约0.5米）的人。他们可以寿逾二百岁"（戈岱司，1987年，第1页）。古希腊语Seres一词源于斯基泰人对中国的古称，相当于粟特人对中国的称谓Srγ（汉译佛经作"沙落迦"）。法国汉学家伯希和（P. Pelliot）引《梵语千字文》"娑罗誐"译作"洛"，证以《大秦景教流行中国碑》称洛阳为Saraga，考证出粟特语Srγ本指洛阳。周平王东迁（公元前770年）后，洛邑成为春秋战国时期中国名义上的首都，故斯基泰人将中国称为"洛阳"（伯希和，1962年，第34-35页；季羡林，1985年，第141-142页）。

2006年，俄罗斯女考古学家波罗西玛克（Natalia V. Polosmak）院士在蒙古国诺颜乌拉山20号匈奴墓发现一个希腊化风格的鎏金银牌，图案为希腊仙女宁芙（Nymph）与森林妖怪萨提尔（Satyr）嬉戏，萨提尔坐在老虎皮上（图01）。这个银牌与雅典国家考古博物馆藏希腊化风格的萨提尔与宁芙嬉戏大理石雕像（图02）如出一辙，没想到2000多年前匈奴贵族墓也藏有相同题材的艺术品。诺颜乌拉山匈奴墓希腊化鎏金银牌的发现，说明希腊大夏王国与蒙古高原的匈奴人确实发生过交往（林梅村，2019年，第53页）。

序言

图01 希腊化风格的鎏金银牌，公元前1世纪—公元1世纪，蒙古国诺颜乌拉山20号匈奴墓出土
Round silver plate decorated in Helenistic style, ca.1st Century BC to 1st Century AD, unearthed from the Xiongnu Tomb No.20 of Mt. Noin Ula, Mongolia

图02 希腊化大理石雕像《仙女宁芙与森林之神萨提尔嬉戏》，雅典国家考古博物馆藏
Helenistic marble statue of Nymph and Satyr kept in National Archaeological Museum, Athens

古波斯文明是古代东西方文明的重要来源之一，早在公元前 5 世纪就开始对中国文化产生影响。公元前 2 世纪，张骞通西域，开启了丝绸之路，中国与波斯两地开始发生官方往来。正如司马迁《史记·大宛列传》所言，"自大宛（今乌兹别克斯坦费尔干纳盆地）以西至安息（今伊朗高原），国虽颇异言，然大同俗，相知言"（司马迁，1982 年，第 3174 页）。作为国际通用语（lingua franca），波斯语在丝绸之路上流行了两千多年。此外，波斯物种、冶金工艺、建筑技术、宗教文化等，亦对中国传统文化产生过重要影响。

古波斯流行的黄铜（铜锌合金），传入中国后称为"鍮石"，成为汉唐方士点石成金的"药金"之一。古波斯玛瑙、水晶和各种彩色宝石及其加工工艺对中国传统首饰的影响长达千年之久。汉唐时期，外丹黄白术极大地推动了我国古代冶金术的发展。唐人戴孚《广异记》记成弼用赤铜造黄金之事。其文曰："隋末有道者居太白山炼丹砂，合成大还丹，化赤铜为黄金。有成弼者给侍之，持白刃杀道者，而得其丹。唐太宗召成弼，授以五品官，敕令以铜造黄金，凡数万斤，所谓大唐金也。百炼益精，至今外国传成弼金，以为宝货。"黄铜之优劣取决于含锌量。据报道，中亚发现的古代黄铜工艺品的锌含量不超过 22‰。所谓"大唐金"的含锌量肯定高于 22‰，因而产生了"至今外国传成弼金，以为宝货"的轰动效应（林梅村，2000 年，第 230 页）。

中国文明有着独立的起源，但是中国文明从未脱离世界文明而孤立发展。中国在积极吸收外来文明的同时，又对其加以改造，从而产生新的发明创造，反过来对外来文明产生巨大影响。本书对古波斯文明的调查可以说明这一点。

林梅村

2021 年 1 月 5 日于京城蓝旗营寓所

目 录

序言 ／ 01
Preface

第一章　古波斯帝王、都城与陵墓 ／ 002
I. Emperors, capital cities and mausoleums of Achaemenid Empire

一、古波斯王的文治武功
I. Political and military achievements of the Achaemenid emperors
002

二、古波斯帝国四大都城
II. Four capital cities of the Achaemenid Empire
042

三、古波斯"帝陵"之起源
III. Origins of the Achaemenid Mausoleums
062

第三章　古波斯帝国的四方贡使 ／ 136
III. Tributes from the different satrapies of the Achaemenid Empire

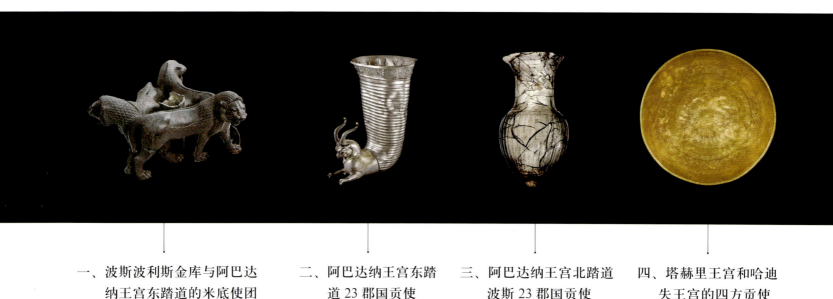

一、波斯波利斯金库与阿巴达纳王宫东踏道的米底使团
I. Median tributes in Treasury of Persepolis and on the eastern stairway of the Apadana
136

二、阿巴达纳王宫东踏道 23 郡国贡使
II. The twenty three satrapy tributes on the eastern stairway of the Apadana
146

三、阿巴达纳王宫北踏道波斯 23 郡国贡使
III. The twenty three satrapy tributes on the northern stairway of the Apadana
286

四、塔赫里王宫和哈迪失王宫的四方贡使
IV. Various satrapy tributes from the Tachara and the Hadish
310

Contents

第二章　古波斯帝国的扩张与郡国／080
II. The role of satrapies in the expansion of the Achaemenid Empire

一、大流士一世埃及雕像之 24 郡国武士浮雕
I. The twenty four types of satrapy-warriors depicted on the Egyptian statue of Darius I
080

二、贝希斯敦楔形文字碑铭与浮雕
II. Cuneiform inscription and Rock relief of Behistun
084

三、古波斯王陵墓 30 郡国武士
III. The thirty types of satrapy-warriors depicted on Achaemenid Mausoleums
091

四、波斯波利斯百柱大厅 24 郡国武士
IV. The twenty four types of satrapy-warriors on the Hundred Columns
129

第四章　张骞通西域前的丝绸之路／326
IV. Silk Roads before Zhang Qian's envoy to Western Regions

附录／384
Appendix

参考文献／384　Reference
全景图／388-394　Panorama
索引／395　Index
后记／401　Postscript

一、巴泽雷克墓地与中国出土的腓尼基玻璃珠
I. The Pazyryk cemetery and Phoenician glass beads excavated in China
327

二、天山南北
II. The Northern and Southern Tianshan Mountains
343

三、中西方文明的最初交往
III. The earliest exchanges of civilizations between China and the West
361

四、中国出土古波斯银盒及古波斯风格的文物
IV. Achaemenid silverwares excavated in China
373

第一章

第一章 古波斯帝王、都城与陵墓
I. Emperors, capital cities and mausoleums of Achaemenid Empire

一、古波斯王的文治武功

波斯人是印欧语系古民族之一，公元前 2000 年末从北高加索南迁伊朗高原。据希罗多德《历史》记载，古波斯帝国兴起之前古波斯人有十个部落，其中六个从事农业，四个从事畜牧业。所谓"卢里斯坦青铜器"，被认为是早期铁器时代波斯祖先的遗物。1920 年起，这些青铜器陆续从东扎格罗斯山地哈尔辛、霍拉马巴德、阿里什塔尔被发现，主要出自锡亚勒克等地的古墓。器类有车饰、马具、武器、工具、容器、首饰等。最富特征的是饰动物纹的青铜马具（图 359），年代在公元前 1000 年至前 650 年（Henri Frankfort, 1970; Oscar W. Muscarella, 1989）。波斯人南下伊朗高原后，先后在埃兰、亚述、米底等王国统治之下（图 001）。卢里斯坦青铜直壁杯浮雕生动再现了古波斯帝国建立以前波斯人的音容笑貌（图 002 A-C）。

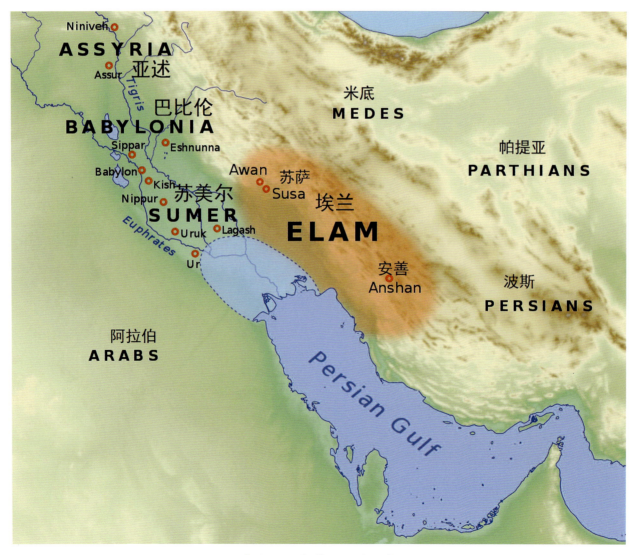

| 图 001 安善王国地图 |

Map of the Anshan Kingdom

| 图 002 卢里斯坦青铜直壁杯，约公元前 1000 —前 800 年 |
A 伊朗国家考古博物馆藏
B 洛杉矶艺术博物馆藏
C 瑞士里吉斯贝格阿贝克基金会藏
Three Luristan Bronze beakers, ca 1000-800 BC,
A: National Archaeological Museum of Tehran
B: Los Angeles County Museum of Art
C: Abbeg Foundation of Riggisberg, Switzerland

1. 冈比西斯一世（Cambyses Ⅰ, ca. 580–559 BC）

公元前 585 年，米底王国末代君主阿斯提阿格斯即位。米底新王小公主下嫁附庸国安善（Anshan）国王、波斯贵族冈比西斯一世，后来生下王子居鲁士二世。这位王子就是后来创立古波斯帝国的居鲁士大帝。他占领巴比伦后，在《居鲁士圆柱法典》宣称："我，居鲁士，世界之王，伟大的王，强有力的王，巴比伦王，苏美尔阿卡德王，天下四方之王，伟大的王，安善城之王冈比西斯之子；伟大的国王，安善城之王居鲁士之孙；伟大的王，安善城之王铁伊斯佩斯之玄孙；万世君主之苗裔"（李铁匠，1992 年，第 30 页）。

古波斯王世系表
A List of Achaemenid Emperors and Median Kings

阿契美尼斯 (Achaemenes, ca. 705-675 BC)	
铁伊斯佩斯 (Teispes, ca. 675-640 BC)	
居鲁士一世 (Cyrus I, ca. 660 - 640 BC)	阿拉兰穆涅斯 (Arlaramnes, ca. 640 - 590 BC)
冈比西斯一世 (Cambyses I, ca. 580 - 559 BC)	阿萨穆涅斯 (Arsamnes, ca. 590 - 559 BC)
居鲁士二世 (Cyrus Ⅱ, ca. 559 - 530 BC)	希斯塔斯贝斯 (Hystaspes, ca. 559 - ? BC)
冈比西斯二世 (Cambyses Ⅱ, ca. 530 - 522 BC)	大流士一世 (Darius I, ca. 522 - 486 BC)
巴尔迪亚 (Bardiya, ca. 522 BC)	薛西斯一世 (Xerxes I, ca. 486 - 465 BC)
	阿塔薛西斯一世 (Artaxerxes I, ca. 465 - 424 BC)
	大流士二世 (Darius Ⅱ, ca. 424 - 405 BC)
	阿塔薛西斯二世 (Artaxerxes Ⅱ, ca. 404 - 359 BC)
	阿塔薛西斯三世 (Artaxerxes Ⅲ, ca. 359 - 338 BC)
	阿尔色斯 (Arses, ca. 337 BC)
	大流士三世 (Darius Ⅲ, ca. 336 - 330 BC)

安善城遗址位于伊朗设拉子市西北46公里拉姆杰德平原马莲村（Tall-i Malyan），本为埃兰王国重镇，公元前7世纪，安善成为波斯人早期都市（图001）。1967年，美国宾夕法尼亚大学博士生威廉·萨姆纳（William M. Sumner）发现安善城故址，1971—1978年宾夕法尼亚大学考古队进行正式考古发掘（William M. Sumner, 2003年）。伊朗革命后，安善城遗址发掘工作改由伊朗考古学家继续进行。如今地表被开辟为农田，只有巨石垒砌的两个宫殿台基和一片宫殿废墟保存下来，今称"马莲村遗址"（图003-006）。

图003 波斯人早期都城，帝王谷附近马莲村安善王国废墟
Anshan, an early Persian capital, at Malyan near Naqsh-e Rustam

图 004 帝王谷附近安善王宫石构台基

A stone foundation which forms part of the Anshan palace at Malyan near Naqsh-e Rustam

| 图 005 帝王谷附近马莲村安善王宫石台基 |

A stone foundation which forms part of the Anshan palace at Malyan near Naqsh-e Rustam

| 图 006 帝王谷附近马莲村安善王宫石台基 |

A stone platform which forms part of the Anshan palace at Malyan village near Naqsh-e Rustam

2. 居鲁士大帝（Cyrus the Great, ca. 559-530 BC）

公元前 553 年，波斯贵族居鲁士二世乘米底王国内乱之机，起兵反抗米底人的统治。《巴比伦编年史》记载："第 6 年（公元前 550 年），伊什图梅古调集（其军队）迎击侵占（其国土）的安善王居鲁士。但是伊什图梅古的军队叛变了他，连他也成了俘虏。他们把他献给居鲁士。居鲁士攻下首都阿蛮（Ecbatana，今伊朗哈马丹，中国史书称作"阿蛮城"）。他们把从阿蛮掠夺到的黄金（图 012）、白银及其他财宝作为战利品运回了安善国"（李铁匠，1992，第 25 页）。公元前 550 年，居鲁士二世灭米底王国建立古波斯帝国，被誉为"居鲁士大帝"，而波斯人的政治、经济中心则转移到帕萨尔加德（图 007-011）和波斯波利斯。

| 图 007 帕萨尔加德皇家花园
Royal Garden in Pasargadae

第一章　古波斯帝王、都城与陵墓

| 图 008　帕萨尔加德觐见大厅遗址 |
Audience Hall in Pasargadae

| 图 009　帕萨尔加德北方要塞 |
Defensive structure in northern Pasargadae

居鲁士二世攻克米底首都阿蛮城后，建立阿契美尼德王朝；定都帕萨尔加德，史称"波斯第一帝国"。居鲁士大帝在帕萨尔加德建立的王宫，由皇家花园、觐见大厅和一座军事要塞组成（图007-009）。帕萨尔加德皇家花园方形石柱上刻有楔形文字三语碑铭。其铭曰："我是居鲁士王，阿契美尼德宗室"（李铁匠，1992年，第27页）。帕萨尔加德觐见大厅遗址中心有十几米高的石柱耸立，石柱表面尚无古希腊风格的竖条棱纹（图008）。石门道两侧刻有精美的鱼尾纹浮雕（图010）。

帕萨尔加德门楼立有居鲁士大帝浮雕像，头戴古埃及法老王冠，采用亚述风神艺术造型（图011和013），犹如亚历山大像往往模仿古希腊大力神赫拉克勒斯像的造型。古埃及科姆·奥姆波神庙有一个托勒密十二世奥勒特斯（Auletes）法老浮雕（图014），帕萨尔加德门楼居鲁士大帝浮雕王冠与之相同。

公元前324年，亚历山大命令赫斐斯申率希腊主力部队由水路向波斯本土进军。他本人则率领一部分轻骑兵、禁军骑兵由陆路先行抵达波斯古城帕萨尔加德，凭吊了居鲁士大帝之墓，然后前往波斯帝国首府波斯波利斯。

古波斯帝国的半壁江山是开创者居鲁士大帝打下的。公元前549—前548年，米底王国统治下的埃兰、帕提亚、基尔卡尼亚、亚美尼亚等地相继归降。公元前546—前540年，居鲁士大帝征服中亚地区的雅利安、巴克特里亚、疾陵、马卡（希腊人称作"格德罗西亚"）、阿拉霍西亚、马尔吉亚纳、粟特、犍陀罗、花剌子模等地。其中巴克特里亚和花剌子模两地由冈比西斯二世弟弟巴尔迪亚统治。

居鲁士建立古波斯帝国后，不断对外扩张，先后征服吕底亚和新巴比伦两大强敌。公元前547年，居鲁士征服南俄草原的斯基泰人。古波斯碑铭称为"饮豪麻汁的斯基泰人"（Sakā haumavargā）。斯基泰王阿莫尔吉斯随居鲁士大帝攻打小亚细亚，攻占辛梅里安人领地卡帕多西亚后，便与小亚细亚西部强国吕底亚正面交锋。吕底亚地处希腊与波斯之间，是东西方文化交流和商业贸易的重要桥梁。《巴比伦编年史》记载："第9年（公元前546年）……尼桑努月，波斯王居鲁士调集其军队，在阿柏拉以下渡过底格里斯河。阿雅鲁月，他出征吕底亚国，杀其王，掠走其财产，并在那里派驻了自己的戍军。后来国王和戍军都留在那里"（李铁匠，1992年，第28页）。[1] 对于波斯人来说，征服吕底亚王国意义重大，地中海到波斯湾的交通路线，伊朗高原到爱琴海、黑海的商路从此畅通无阻。古波斯帝国利用过境商税、郡国称臣纳贡，以及直接掠夺来的财富不断发展壮大，为进一步向东方扩张奠定了基础。

图010 帕萨尔加德觐见大厅门道鱼尾纹浮雕
Fish tail relief on the gate of Audience Hall in Pasargadae

---

[1] 该书将"第9年"注为"公元前550年"，有误。

| 图 011 帕萨尔加德门楼遗址居鲁士浮雕像 |
Bas-relief portrait of Cyrus the Great on the gatehouse in Pasargadae

| 图 012 帕萨尔加德出土古波斯双羊金项圈，卢浮宫藏 |

Golden bracelets with double sheep heads, Early Achaemenid period, ca.600-500 BC, from Psargadae. Louvre, Paris

| 图 013 亚述风神青铜像（约公元前 1000 年），卢浮宫藏 |

Bronze statue of Pazuzu Demon Assyria, ca. 1st Millenium BCE, Louvre, Paris

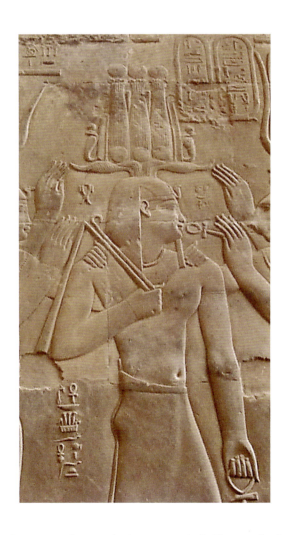

| 图 014 埃及托勒密十二世奥勒特斯法老浮雕，出自科姆·奥姆波神庙，卢浮宫藏 |

Relief of Ptolemy XII Auletes, from the temple at Kom Ombo. Louvre, Paris

公元前545年，居鲁士从阿蛮城出发，沿呼罗珊大道向中亚地区进军，相继征服了伊朗高原东部的帕提亚、赫拉特，阿富汗北部的巴克特里亚，又渡过阿姆河进入粟特地区，随后在今乌兹别克斯坦锡尔河畔吉扎克兴建居鲁士城（Cyropolis），一方面用来抵御北方草原游牧人的入侵，另一方面有效控制撒马尔干城至费尔干纳盆地的交通要道（图015）。后来亚历山大的希腊远征军在居鲁士城旧基修建了亚历山大·艾斯卡特城（Alexandria Eschate, cf. Cummings, 2004, pp. 286-288）。

公元前539年，居鲁士大帝攻入巴比伦城，下令拆毁外城墙。他把新巴比伦王尼布甲尼撒二世掳到巴比伦的所有犹太人一并遣返回耶路撒冷，解放了沦为"巴比伦之囚"70年之久的犹太人。让犹太人在耶路撒冷建立一个自治的神权国家，作为波斯人进攻埃及的桥头堡。居鲁士还制定了世界上第一部人权法典，今称"居鲁士圆柱法典"（Cyrus Cylinder）。这个用楔形文字阿卡德语撰写的法典于1879年在巴比伦遗址被重新发现，现藏于大英博物馆（图016）。

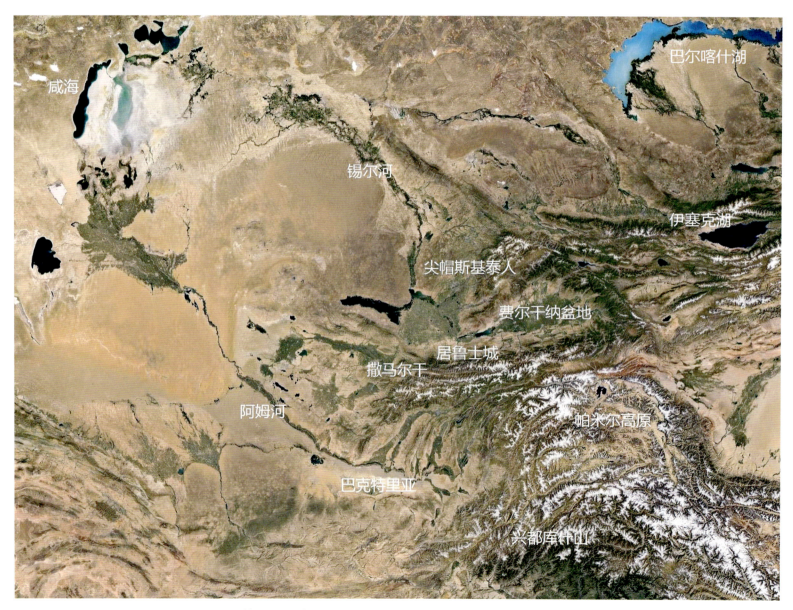

| 图015 费尔干纳盆地西口吉扎克所建居鲁士城 |
Map showing the location of Cyropolis in Jizzakh at the western entrance to the Fergana valley

一、古波斯王的文治武功

| 图 016 居鲁士圆柱法典，大英博物馆藏 |
The Cyrus Cylinder. British Museum

| 图 017 帕萨尔加德居鲁士大帝墓局部特写 |
Detail of the Tomb of Cyrus the Great in Pasargadae

015

第一章 古波斯帝王、都城与陵墓

2003年10月10日，挪威诺贝尔委员会在奥斯陆宣布，将诺贝尔和平奖授予伊朗女律师希尔琳·艾芭迪（Shirin Ebadi），以表彰她为"民主和人权"，尤其是为"妇女和儿童的权益"做出的努力。她在颁奖仪式上发表获奖感言说："我是伊朗人，伟大的居鲁士的后代。"这位伊朗女律师还说，"若是想要了解伊朗的真面目，就请读一读居鲁士圆柱上的碑文吧！"她这番豪言壮语是在提醒世人注意，人类历史上最早的"人权宪章"并非古希腊人的发明，而是居鲁士大帝的创建，比英国大宪章要早一千多年。

公元前530年，居鲁士率军讨伐锡尔河北岸游牧人——马萨格泰人，最初获胜，斩其王子。后来波斯军队功亏一篑，居鲁士阵亡。马萨格泰女王托米丽斯（Tomyris）割下居鲁士的头颅，放进盛满鲜血的革囊。斯特拉波《地理志》（Strabo XI.8.2）记载："从里海开始，大量的斯基泰人被称作大益人，居住在更东的斯基泰人则被称作马萨格泰人和塞人，余下的统称为斯基泰人，但每一个部落都有其各自的名称。他们几乎全是游牧人"（Strabo, 2006, pp. 259-261）。可知马萨格泰人是游牧于锡尔河北岸哈萨克草原的斯基泰人。

居鲁士大帝死后，冈比西斯二世继承王位。击败马萨格泰人后，冈比西斯二世找到父亲的尸首，归葬故里帕萨尔加德（今伊朗法尔斯省；图017-018）。

| 图 018 帕萨尔加德居鲁士大帝墓 |
Southeastern corner of the Tomb of Cyrus the Great in Pasargadae

3. 冈比西斯二世（Cambyses II, ca. 530 – 522 BC）

居鲁士大帝死后，冈比西斯二世即位。他有一个弟弟巴尔迪亚（Bardiya）和三个姐妹。三姐妹分别为阿尔杜司托涅（Artystone）、阿托莎（Atossa）、禄山妮（Rhoxsane）。按照古波斯人的习俗，他迎娶了两位姐妹——阿托莎和禄山妮，以保证王室血统纯正（汤姆·霍兰，2016年）。公元前525年，冈比西斯二世率军在贝鲁西亚之役击败埃及第26王朝末代法老普萨美提克三世，攻克首都孟斐斯，终结了古埃及第26王朝（图019）。冈比西斯二世还迫使利比亚和昔兰尼（古希腊人在利比亚的殖民地）臣服，从而将帝国的版图扩张至北非。不过，冈比西斯二世入侵古实王国（努比亚，今苏丹）的企图惨遭失败，波斯军队未能穿越沙漠，被迫返回埃及。

据柏林博物馆藏纳帕塔碑铭记载，努比亚国王纳斯塔森（Nastasen）宣称：他击败了冈比西斯二世的军队，并缴获了他的所有船只。这个说法并不可信，因为纳斯塔森在位年代比冈比西斯晚得多（H. Schafer, 1901）。梵蒂冈博物馆藏有一座称为"梵蒂冈神龛"的古埃及石雕像。这是古埃及贵族吴佳霍瑞斯奈特（Udjahorresnet）请人雕凿的，原来供奉在埃及赛斯城奈特女神庙内。他在这尊埃及神像上用埃及象形文字刻写自传，亦称"吴佳霍瑞斯奈特造像"。他曾是埃及第26王朝国王阿马西斯和普萨美提克三世的海军将领，目睹了冈比西斯二世入侵埃及。他受命成为波斯国王的廷臣，担任波斯国王的首席医师和赛斯城奈特神的祭司。在他建议下，冈比西斯二世恢复了赛斯城神庙的运转和宗教崇拜。这位埃及贵族认为：波斯人入侵埃及造成的破坏并不严重，与埃及原来的主

| 图019 波斯王冈比西斯二世俘获埃及法老普萨美提克三世滚筒印章泥印 |
Seal impression showing Persian king Cambyses II capturing pharaoh Psamtik III (After Maspero et al, 1903)

| 图 020 帕萨尔加德废墟的冈比西斯二世墓 |
Tomb of Cambyses II in the Pasargadae ruins

第一章 古波斯帝王、都城与陵墓

人亚述人相比，波斯人相对温和。冈比西斯二世为给遇害的波斯使者复仇，处死了2000名埃及人，但吴佳霍瑞斯奈特在碑文中为他开脱说："任何以前的国王都会这样做"（Michael Rice, 2004, p. 212）。据说冈比西斯二世在埃及实施残暴统治，屠杀了孟斐斯城神庙的圣牛阿匹斯。不过，这个说法缺乏史料支持，很可能是大流士为了证明自己篡位的合法性凭空捏造的（郭子林，2015年，第37页）。

帕萨尔加德居鲁士大帝皇家花园附近有一个"苏莱曼监狱"遗址，不过，有些研究者认为可能是冈比西斯二世陵墓（Maryam Tabeshian, 2006; 图020）。

波斯波利斯王宫遗址出土了一个埃及蓝波斯王后阿托莎头像，以前一直被误认为是青金石像。阿托莎是居鲁士大帝的女儿、大流士大帝的王后，以及薛西斯一世的母亲。这尊阿托莎头像现藏于伊朗国家考古博物馆（图021）。

| 图021 波斯王后阿托莎埃及蓝头像（居鲁士大帝的女儿，冈比西斯二世的妹妹，大流士大帝的王后，薛西斯一世的母亲），伊朗国家考古博物馆藏 |
Head of Persian queen Atossa, daughter of Cyrus the Great, sister of Cambyses II, Darius I's wife and mother of Xerxes I, made of Egyptian blue. National Archaeological Museum, Tehran

4. 大流士一世（Darius Ⅰ, ca. 522-486 BC）

大流士一世出身阿契美尼德家族旁系，父亲是帕提亚总督。大流士一世跟随冈比西斯二世远征埃及，被任命为万人不死军总指挥和宫廷禁卫军统帅，贝希斯敦铭文有大流士一世精美的高浮雕像（图023-024）。公元前522年，波斯本土发生叛乱，冈比西斯二世挥师回国，却在归途中神秘死去。冈比西斯二世的弟弟巴尔迪亚宣布继承王位。同年7月，大流士一世伙同7个波斯贵族谋杀了巴尔迪亚。大流士一世夺得波斯王位后，波斯帝国各地爆发起义，纷纷宣布独立。大流士经历大小18次战役，镇压了各地暴乱，并在巴比伦至米底首府阿蛮城途中贝希斯敦山立纪功碑（图088和344）。

公元前515—前513年，大流士一世远征巴尔干半岛，征服色雷斯地区，迫使马其顿称臣纳贡。公元前499年，大流士一世发动希波战争，但他占领巴尔干半岛南部希腊地区的企图以失败告终。公元前494年，大流士一世武力征服小亚细亚西南沿海地区爱奥尼亚。

2016年，俄罗斯塔曼半岛法纳戈里亚一个古希腊遗址出土了一块大流士楔形文字残碑（图022）。据残存文字记载，此碑是公元前494年大流士一世征服爱奥尼亚后，在其最大的城市米利都所立纪功碑（Evangelical Focus, 2016）。公元前490年，大流士一世再次发动希波战争，因马拉松战役失利而功败垂成。公元前486年，埃及爆发起义，大流士一世派兵镇压，未及完成即死于非命。

图022 塔曼半岛法纳戈里亚出土大流士一世楔形文字残碑

Fragment of Darius I stele with extant traces of a cuneiform inscription from Phanagoria in the Taman Peninsula

第一章　古波斯帝王、都城与陵墓

|图 023　贝希斯敦铭文大流士一世浮雕头像|
Bas-relief depiction of the crowned head of Darius I on the Behistun inscription[1]

|图 024　贝希斯敦铭文大流士一世浮雕头像线图|
Line drawing of the bas-relief depiction of the crowned head of Darius I on the Behistun inscription

[1] 伊朗摄影师多拉查希 (Hengameh Dowlatshahi et. al, 2008, p. 124) 拍摄，但将其误释为萨珊王朝浮雕。

为了促进古波斯帝国海上商贸,大流士一世在腓尼基人协助下建立海军,首先开通了尼罗河至红海之间的大运河(图083)。公元前7世纪,埃及法老尼科二世企图延长运河通过苦海到苏伊士湾,以实现从红海到地中海环航非洲的计划。大流士一世征服埃及后,决定完成这一宏伟工程。原先开凿的部分运河已被泥沙淹没,劳工们只能靠打井供应饮水。经过埃及劳工的艰苦工作,公元前518年,这条沟通尼罗河和红海的运河终于开通,大流士为此立碑纪念。其铭曰:"大流士王说:我是波斯人,我从波斯来占领了埃及。我命令从流经埃及的尼罗河至通往波斯的大海,修建这条运河。这条运河后来完全按照我的命令挖成了。船只经由这条运河可以由埃及到达波斯,一如我原来所想"(李铁匠,1992年,第54页)。大流士一世开凿的苏伊士运河长度为4日航程,宽度可容2艘3层桨大船并行。它的开通促进了北非和西亚经济文化交流和贸易往来,可谓近代苏伊士运河的先驱。

为了探索中亚通往埃及的海路,公元前516年,大流士一世派希腊人斯基拉克斯(Scylax of Caryanda)从今天阿富汗喀布尔河与印度河汇流处出发,顺流而下,入印度洋,过波斯湾,环绕阿拉伯半岛,抵达埃及苏伊士港。这次航行历时二年半。斯基拉克斯归国后用希腊语写成《斯基拉克斯航行记》(Periplus of Pseudo-Scylax)一书(图025)。印度就是在这次航行后不久被并入古波斯帝国版图的。印度郡国建立后,波斯与印度海上贸易逐渐发展起来,不久就有印度商人到今巴格达以南约110公里处基什城开设旅栈。

大流士大帝在位期间,古波斯帝国达到全盛,势力范围东起印度河平原、帕米尔高原、阿尔泰山,南抵埃及、利比亚、苏丹,西至小亚细亚、巴尔干半岛东北部,北达高加索山脉、咸海南岸。大流

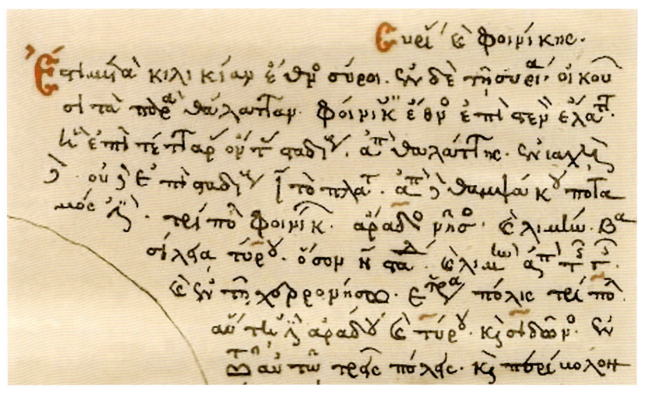

| 图025 《斯基拉克斯航行记》13世纪希腊文抄本,法国国家图书馆藏 |

A facsimile of the *Periplus of Pseudo-Scylax*, this copy was made in 1855 from a 13th century copy of the original Greek text

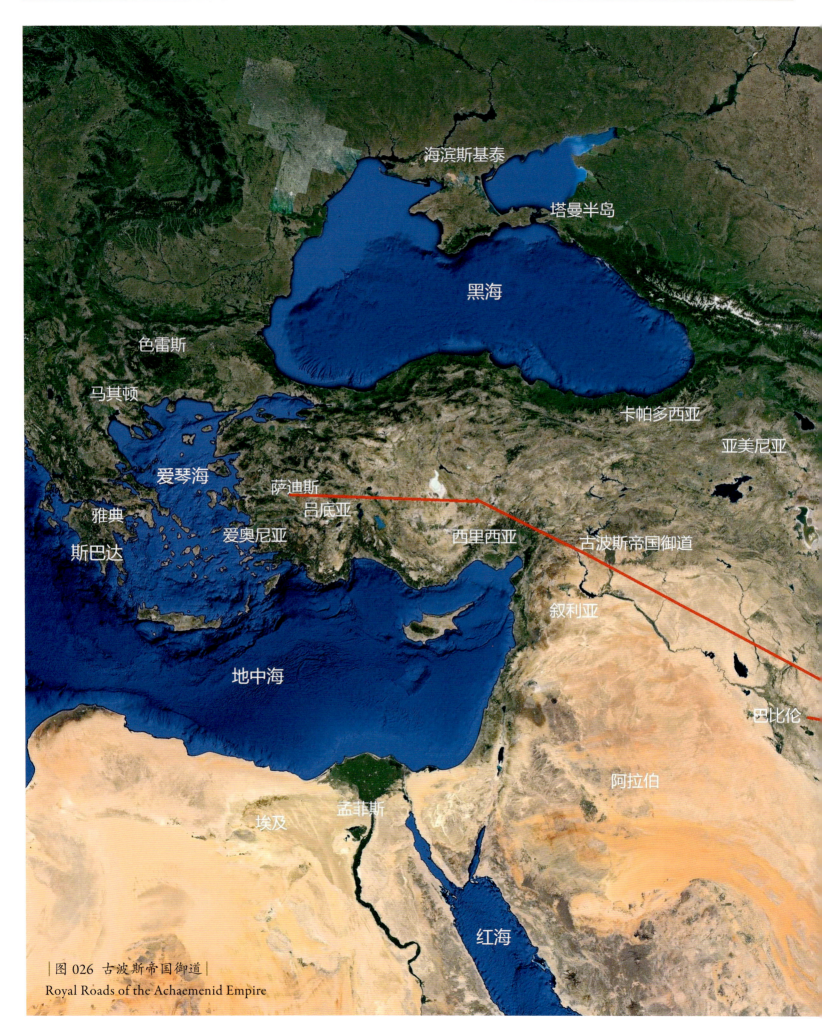

| 图 026 古波斯帝国御道 |
Royal Roads of the Achaemenid Empire

一、古波斯王的文治武功

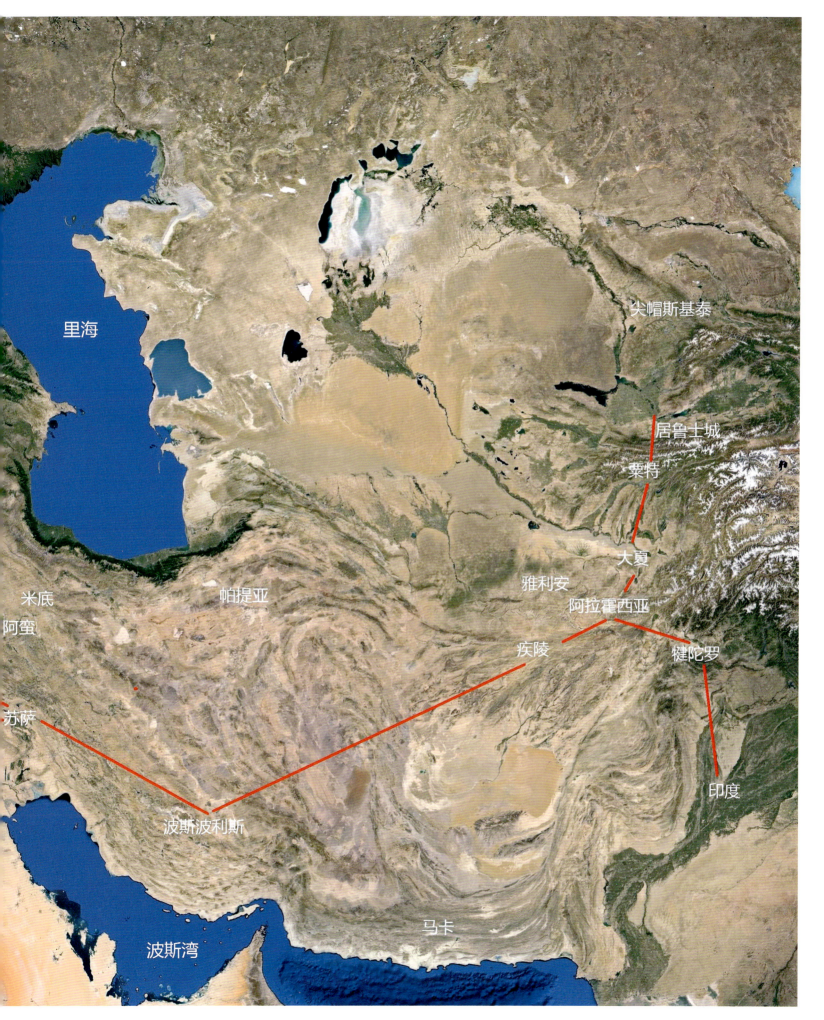

士一世将国土划分为20个郡国，各郡国每年向中央缴纳一定的贡赋，其中7个郡国在中亚。如第7郡国管辖兴都库什山以南犍陀罗地区，第12郡国管辖巴克特里亚，第16省管辖帕提亚、花剌子模和粟特地区。

为便于调遣军队和传达政令，大流士一世在赫梯、亚述等帝国原有驿道基础上，修筑了许多新驿道。沿途设有驿站和旅馆。从古波斯帝国首府苏萨到小亚细亚以佛所的"御道"是所有驿道中最长的一条，全程2400公里，每20公里设驿站。苏萨王宫发出的诏令，昼夜兼程，7天可到达目的地以佛所，而一般商队要走3个月。另一条重要交通干线起自巴比伦城，横贯伊朗高原，东达巴克特里亚和印度边境，从而为中世纪"呼罗珊大道"奠定了基础（图026）。

古代东西方采用不同货币体系，西方金属货币起源于安纳托利亚半岛吕底亚王国（今土耳其西南部）国王克罗伊斯德发行的金币——克罗伊斯德（Croeseid），此类金币选用吕底亚首府萨尔迪斯附近巴克图鲁斯（Pactolus）河中的天然金银矿（金银含量约三比一）模压锻造而成，俗称"琥珀金"（图027:1）。古波斯金币即仿造吕底亚金币，古希腊作家希罗多德《历史》将吕底亚金币称作"斯塔特尔"（stater），将古波斯金币称作"大流克"（daric）。从出土实物看，1枚斯塔特尔重约14克，大致流通于公元前671—前546年间（希罗多德，2013年，第472页）。

古波斯帝国货币制度始于居鲁士大帝，分别在苏萨、萨迪斯、巴比伦发行金币。公元前6世纪，古波斯帝国君主大流士一世统一货币，仿造吕底亚金币创制大流克金币（图027:2-3）和谢克尔（sekel）银币（图027:4-5）。每枚大流克重8.4克，由波斯王统一打造，不得私造。每枚谢克尔银币重5.6克（=1/2盎司），由波斯帝国28属国自行打造。[1]由于波斯本土黄金匮乏，古波斯帝国货币采用银本位，一枚大流克金币可交换20枚谢克尔银币。随着古波斯帝国的军事扩张，波斯货币体系对古代东西方货币产生巨大影响。

在西方，古希腊人模仿古波斯银币，公元前525年创建四德拉克马（tetra-drachma）银币。此钱正面是雅典女神像，背面为守护神猫头鹰图案（图027:7）。古希腊度量衡单位：1斯塔特尔（stater）= 4德拉克玛（drachma）。

在东方，古波斯帝国东方行省犍陀罗（今巴基斯坦北部印度河西岸）、大夏（今阿富汗西北地区）等地模仿波斯银币打造萨塔马纳（śatamānas "百钱"）银币（E. Errington and J. Cribb, 1922, pp.56-57）。所谓"马纳"（manas），源于古巴比伦楔形文字计量单位。一个马纳（约500克）相当于60巾（gin），可见古波斯人全面继承了古巴比伦的文化遗产（李伟，2006年，第48页）。从时间看，犍陀罗和大夏银币无疑源于古波斯货币体系。

阿富汗、巴基斯坦所出公元前4世纪银币采用两种形式：一种与古波斯银币相似，形状呈圆形，打印一朵花枝戳记，重5.8克，不过，大夏戳记花型与犍陀罗戳记花型不同（图027: 9-10）；另一种为长条银币，打印两朵花枝戳记，重9.7-11.7克（图027:6和8）。后者即印度孔雀王朝月护王侍臣乔底厘耶（Kauṭilīya）《政事论》所言"萨特马纳钱"（śatamānas "百钱"），而前者则为"半个萨特马纳钱"（ardhaśatamānas "五十钱"）。[2]

---

[1] 王永生先生说"西方最早的金属币是小亚细亚半岛的古国吕底亚于公元前640年铸造的"（王永生，2016年，第7页）；北京大学中文系李零教授在最近出版的新书中说古波斯货币也是铸造的（李零，2019年，第241-242页）。两说皆有误，古波斯金银币模仿吕底亚金银币，皆模压锻造成形。

[2] 李铁生说犍陀罗两个戳记的长条形银币为萨塔马纳钱，无疑是正确的。他认为犍陀罗一个戳记的圆形银币相当于十六分之一萨塔马纳钱，不知何根据（李铁生，2011年，第17-19页）。从犍陀罗地区出土古银币戳记和重量看，一个戳记的圆形银币应为两个戳记的长条形银币的二分之一（林钧永，2005年，第45-46页）。

| 图 027: 1 吕底亚王克罗伊斯所造金币克罗伊斯德 |
Gold Croeseid, minted by Lydian king Croesus
| 图 027: 2-3 古波斯金币 | Daric gold coins
| 图 027: 4-6 和 8-10 古波斯银币 | Achaemenid silver coins
| 图 027: 7 古希腊银币 | Ancient Greek silver coins

5. 薛西斯一世（Xerxes Ⅰ, ca. 486-465 BC）

薛西斯一世是大流士一世与居鲁士大帝小女儿、冈比西斯二世妹妹阿托莎之子（图028）。大流士在位时，薛西斯一世就经常出入宫廷。伊朗国家考古博物馆藏波斯波利斯王宫浮雕和著名的"大流士瓶"都绘有薛西斯一世出入大流士宫廷的图像（图125和329）。

公元前483年，薛西斯一世在苏萨王宫举行了一次盛宴，参加者有波斯、米底及各省权贵和首领。《旧约·以斯帖记》第1章第2-9节记载："他（薛西斯）为一切首领和大臣摆设宴席，把他荣耀的国家的富足，他美好威严的尊贵，给他们观赏了好几日。他又为所有住在苏萨的大小人民，在王宫的院子里摆设宴席，大吃大喝了七天七夜。有白色、绿色、蓝色的帐篷，用细麻绳、紫色绳从银环内系在白玉石柱上。有金银的床榻，摆在红、白、黑、黄玉石铺成的石地上。用黄金的器皿赐酒，器皿各不相同，御酒很多，足以显示国王的厚意。"

大流士一世死后，王子薛西斯一世继承王位，薛西斯即位后不久，就镇压了一次埃及暴乱。随后攻打小亚细亚东北部，在凡湖（Lake Van）城堡刻有楔形文字三语纪功碑（图029-030）。

| 图028 波斯波利斯出土薛西斯一世头像，波斯波利斯博物馆藏 |

Head of Xerxes I statue, unearthed in Persepolis. Persepolis Museum

| 图029 薛西斯一世在凡湖要塞所立楔形文字纪功碑 |

Foundational cuneiform inscription of the Castle at Lake Van dated to Xerxes I. Lake Van, Turkey

图030 亚美尼亚的古波斯要塞——凡湖城堡
Achaemenid Castle. Lake Van, Armenia

公元前480年，古波斯帝国再度兴兵希腊。斯基泰人参加了这次希波战争，由他们据守战略要地。波斯军队大举入侵希腊，洗劫了雅典，烧毁了希腊最神圣的雅典卫城神庙。不过，波斯人在萨拉米海战中一败涂地，希波战争极大耗费了古波斯帝国的国力。

第二次希波战争时期，薛西斯一世麾下波斯大将马尔多尼乌斯（Mardonius）攻陷雅典卫城，摧毁了城内的帕特农神庙和雅典娜神庙。如今所见帕特农神庙是后来重建的，而雅典娜神庙没有重建。1864年，波斯人摧毁的雅典娜古神庙在雅典卫城的伊瑞克提翁神庙旁被发现，德国学者称作"波斯废墟"（Perserschutt，图032）。废墟中出土了一尊希腊献祭者雕像，制作于公元前560年，原高1.65米，现藏雅典卫城博物馆（图031）。

公元前479年，希腊联军在普莱托战役击败波斯大军。希腊人在德尔菲（Delphi）用缴获的波斯兵器铸造了一个巨型青铜蛇柱，以便永久纪念这场来之不易的胜利。如今游客在德尔菲见到的青铜蛇柱是后来铸造的复制品（图034）。公元4世纪，拜占庭军队将其劫掠到君士坦丁堡，原物现在伊斯坦布尔广场一个喷水池里（图035）。这个蛇柱本来有三个青铜蛇头，如今只剩下一个蛇头，现藏伊斯坦布尔考古博物馆（图033）。

| 图031 雅典卫城波斯废墟出土的扛小牛献祭者，雅典卫城博物馆藏 |

Fragment of a Greek sculpture from the Persian ruin (Perserschutt) in Athens Acropolis. Acropolis Museum of Athens

| 图032 雅典卫城伊瑞克提翁神庙旁"波斯废墟" |
The Persian ruin (Perserschutt) in Athens Acropolis

| 图033 伊斯坦布尔考古博物馆藏德尔菲青铜蛇头 |
The head of a bronze serpent column from Delphi, Istanbul Archaeological Museum

图034 德尔菲青铜蛇柱仿制品
Modern reproduction of a bronze serpent column in Delphi

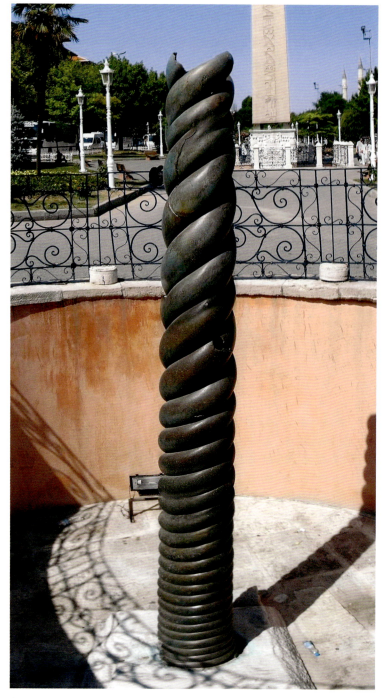

图035 伊斯坦布尔广场古希腊德尔菲青铜蛇柱
Ancient Greek bronze serpent column from Delphi, Istanbul square, Istanbul

犹太人称薛西斯一世为亚哈随鲁(Ahasuerus)。据《旧约·以斯帖记》第2章第17节记载，亚哈随鲁有一位犹太皇后，名叫以斯帖(Esther)。她被立为皇后之后，救助犹太人免于屠杀。13世纪，伊朗哈马丹的犹太人为以斯帖和她的堂兄末底改兴建陵墓，答谢这两位犹太人的救命之恩（图036）。薛西斯一世晚年纵情声色、亲信小人，引发古波斯帝国内乱。公元前465年，他被宰相阿尔达班谋杀，阿尔达班拥立王子阿塔薛西斯一世为国王。

| 图036 伊朗哈马丹市波斯皇后以斯帖与堂兄末底改墓 |
The Shrine of the Persian Queen Esther and tomb of her cousin Mordecai. Hamadan, Iran

6. 阿塔薛西斯二世（Artaxerxes II，ca. 404-359 BC）

大流士一世及其后继者发动的希波战争，成为古波斯帝国由盛到衰的转折点。希波战争历时半个世纪，貌似强大的古波斯帝国被捍卫民族独立的希腊城邦击败。在战争期间，埃及、巴比伦等被征服地区爆发了大规模的反抗波斯统治的起义，进一步消耗了古波斯帝国的国力。公元前5世纪末，波斯发生了小居鲁士和阿塔薛西斯二世的宫廷斗争，随后演变为内战。公元前357年，企图复兴古波斯帝国的阿塔薛西斯二世被宫廷医生谋杀，其陵墓建于波斯波利斯的热赫马特山崖壁（图037）。

| 图 037 波斯波利斯阿塔薛西斯二世墓波斯王浮雕 |

Bas-relief depicting a Persian king on the rock-cut tomb Artaxerxes II, Persepolis

7. 阿塔薛西斯三世（Artaxerxes Ⅲ, ca. 359-338 BC）

公元前404—前343年，古埃及一度独立，动摇了古波斯帝国的统治。公元前343年，阿塔薛西斯三世再度征服埃及，短暂恢复了波斯人的统治。古波斯帝国对埃及的统治，史称第27王朝。公元前338年，阿塔薛西斯三世死于宫廷政变，其陵墓亦建于波斯波利斯的热赫马特山崖壁（图038）。

| 图 038　阿塔薛西斯三世墓波斯王浮雕 |

Bas-relief depicting a Persian king on the rock-cut tomb of Artaxerxes Ⅲ, Persepolis

8. 大流士三世（Darius Ⅲ, ca. 336-330 BC）

公元前337年，阿塔薛西斯三世之子阿尔色斯全家也被谋杀。庸碌无为的亚美尼亚总督被部众拥立为王，史称"大流士三世"。大流士三世在位期间，各个地方的总督拥兵自重，中央与地方的矛盾不断激化。公元前334年，马其顿王亚历山大发兵进攻古波斯帝国，在格拉库尼斯河战役、伊苏斯战役和高加米拉战役中，波斯军队相继遭遇沉重打击，溃不成军。

公元前330年，大流士三世逃到里海南岸的和椟城（Hecatompylos），被企图篡位的波斯叛臣谋杀，享年50岁。亚历山大将大流士的遗体运回巴比伦下葬，并举行盛大的国葬仪式。因此，波斯波利斯热赫马特山崖壁的大流士三世陵墓成了未完工的古波斯王墓（图039-040）。

| 图039 波斯波利斯大流士三世未完工墓波斯王浮雕像 |

Bas-relief depicting a Persian King on the unfinished tomb of Darius III, Persepolis

| 图040 波斯波利斯大流士三世未完工墓 |
The incomplete remains of the tomb of Darius Ⅲ, Persepolis

9. 庞贝城马赛克地板画与西顿城亚历山大石棺所见伊苏斯之役画卷

1831年，那不勒斯王国发掘意大利庞贝古城时发现一幅马赛克地板画，长5.82米，高3.13米，由50万块小马赛克组成。据考证，这幅画模仿的是古希腊画家菲罗薛斯（Philoxenus of Eritrea）在公元前310年为马其顿国王卡桑德所作的一幅画，表现的是亚历山大大帝与大流士三世伊苏斯之役交战的最后时刻，现藏那不勒斯国家考古博物馆（图041）。这个艺术题材在希腊化世界广为流传，黎巴嫩西顿出土公元前328年波斯贵族、巴比伦总督马扎尤斯（Mazaeus）石棺浮雕亦为亚历山大大帝与大流士三世在伊苏斯之役交战，今称"亚历山大石棺"，现藏伊斯坦布尔考古博物馆（图042）。

| 图 041 庞贝马赛克地板画《亚历山大与大流士三世在伊苏斯之役交战》，约公元前 1 世纪，那不勒斯考古博物馆藏 |
Mosaic of the Battle of Issus between Alexander the Great and Darius III from Pompeii dated 1st century BC, Naples Archaeological Museum

一、古波斯王的文治武功

第一章 古波斯帝王、都城与陵墓

| 图042 亚历山大石棺浮雕《亚历山大大帝得胜的伊苏斯之役》，1887年发现于西顿 |
Alexander sarcophagus in the Istanbul Archaeological Museum, representing the battle of Issos won by Alexander the Great. found in Sidon, 1887. It belonged to Abdalonymos, last king of Sidon

二、古波斯帝国四大都城

古波斯帝国有阿蛮城、苏萨、巴比伦、波斯波利斯四大都市。前三个分别为米底、埃兰和巴比伦王国旧都,只有最后一座城是波斯人所建新都。古波斯王一年四季轮流驻跸每个都城。

1. 阿蛮城(Ecbatana)

阿蛮城是米底王国旧都,有七重城墙,固若金汤,在今伊朗哈马丹市(图044-045)。阿蛮城遗址出土过一个刻有薛西斯一世时期楔形文字三语铭文金碗,现藏伊朗国家考古博物馆(图043)。

| 图043 哈马丹出土薛西斯一世三语铭文金碗,伊朗国家考古博物馆藏 |

Golden bowl with trilingual inscriptions of Xerxes I from Hamadan. National Archaeological Museum, Tehran

二、古波斯帝国四大都城

| 图 044 米底王国首府阿蛮遗址，位于今伊朗哈马丹 |

Ruin of Ecbatane, the capital city of Median Kingdom in Hamadan, Iran

| 图 045 米底王国首府阿蛮遗址，在今伊朗哈马丹 |

Ruin of Ecbatane, the capital city of Median Kingdom in Hamadan, Iran

043

2. 苏萨城

苏萨城是埃兰王国旧都,在今伊朗西南部胡齐斯坦省底格里斯河东240公里(图046和049-051)。法国考古队在此地发掘出古波斯王宫遗址、双牛头石柱、埃兰卫兵和格里芬琉璃砖画,后者现藏巴黎卢浮宫(图052-053)。苏萨王宫是大流士大帝兴建的,他下令建造苏萨王宫的楔形文字泥版诏令一直保存至今,现藏卢浮宫(图047)。这个诏令用古波斯帝国三种官方语言(古波斯、埃兰和阿卡德语)写成。关于苏萨王宫兴建过程,这个楔形文字诏令写道:

> 这就是我在苏萨建造的宫殿。它的材料来自远方。其地基挖得很深,直到岩层。地基彻底挖好后,

图 046 苏萨遗址
Overview of the Susa ruin

再用碎石填满。部分地基深40埃尔（约19米），部分深20埃尔。宫殿就建筑在这个地基上。凡挖地基、填碎石、做砖坯这些事都由巴比伦人完成。

针叶松（雪松）是由黎巴嫩山区运来的，亚述人把它运到巴比伦后，卡里亚人和爱奥尼亚人再把它由巴比伦运到苏萨。柚木是由犍陀罗和克尔曼运来的。这儿使用的黄金是由萨狄斯和巴克特里亚运来的。这儿使用的贵重青金石和光玉髓（图048）是由粟特运来的。这儿使用的绿松石是由花剌子模运来的。白银和乌木是由埃及运来的。这儿使用的装饰宫墙的材料是由爱奥尼亚运来的。这儿使用的象牙

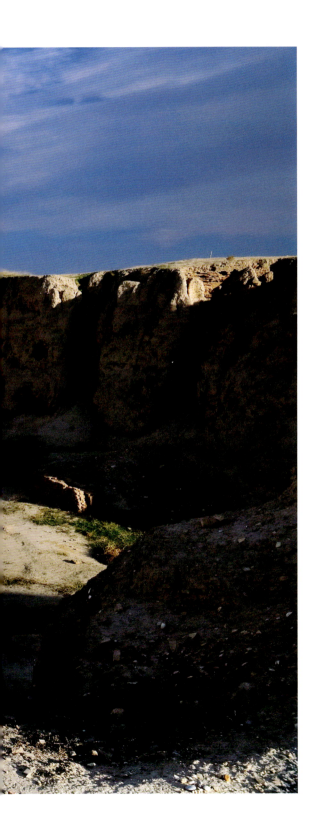

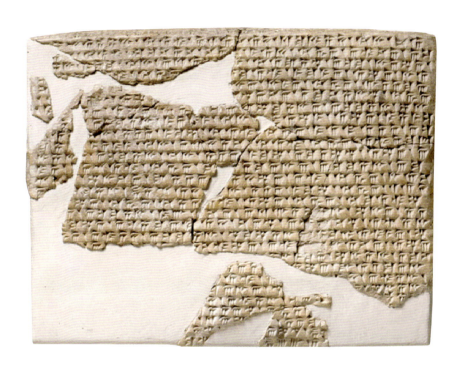

| 图047 苏萨出土大流士一世楔形文字泥版诏书，卢浮宫藏 |
Clay imperial edict with cuneiform incription of Darius the Great, from Susa. Louvre, Paris

| 图048 苏萨与吕底亚蚀花肉红石髓项链，出自卡伦藏品 |
Red agate necklaces from Susa and Lydia from the Karun collection

第一章 古波斯帝王、都城与陵墓

| 图 049 苏萨城阿巴达纳王宫 |
The Apadana palace, Susa

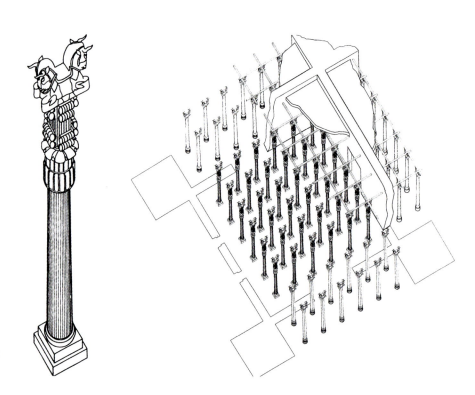

| 图 050 苏萨阿巴达纳王宫 |
Artist's reconstruction of the Apadana, Susa

| 图 051 苏萨王宫大流士一世觐见大厅（阿巴达纳）遗址出土石灰岩双牛柱头，石柱原高21米，约公元前510年，巴黎卢浮宫藏 |

Double headed bull pillar caital from the Audience Hall (Apadana) of the Palace of Darius I. Susa, ca. 510 BCE. Limestone. The original columns were 21 m tall. Louvre, Paris

[图052 波斯大流士王宫埃兰卫兵琉璃砖墙,卢浮宫藏]
Glazed brick frieze of the Elamite Archers from Darius' palace at Susa. Louvre, Paris

是由努比亚、印度、阿拉霍西亚运来的。这儿使用的石柱是由埃兰阿比拉杜斯地方运来的。

那些加工石料的战俘是爱奥尼亚人和萨狄斯人。那些制造金器的金匠是米底人和埃兰人。那些制造木器的人是萨狄斯人和埃及人。那些做砖坯的人是巴比伦人。那些装饰宫墙的人是米底人和埃及人。

大流士王说：在苏萨，凡是已经下令要兴建的那些建筑，那些雄伟建筑物就建成了。愿阿胡拉·玛兹达保佑我、我的父亲叙司塔斯佩斯和我的子民（李铁匠，1992年，第58页）。

苏萨出土大流士一世楔形文字泥版诏书中的"光玉髓"当为古印度河文明特产"蚀花肉红石髓"（图048）。早在公元前3000年，这种人造宝石就与阿富汗青金石一起被输出到两河流域和埃及。

图053 苏萨大流士宫殿出土翼牛琉璃砖墙，卢浮宫藏

Glazed brick frieze of a winged bull from Darius' palace at Susa. Louvre, Paris

3. 巴比伦城

巴比伦城建于伊拉克巴格达城以南幼发拉底河畔，城内有新巴比伦国王尼布甲尼撒二世为米底公主所建"巴比伦空中花园"，被誉为世界七大奇迹之一。公元前539年，居鲁士大帝攻陷巴比伦城，巴比伦成为古波斯帝国四大都城之一。亚述帝国时期所造石狮一直保存至今，成为巴比伦城的地标性建筑（图055）。最大的城门是以巴比伦战神和生育女神伊什塔尔命名的北门，为新巴比伦王尼布甲尼撒二世所建，毗邻幼发拉底河。巴比伦城北城墙用高浮雕神兽砖砌筑（图056），而北城门则用高浮雕神兽琉璃砖砌筑（图057）。柏林佩加蒙德博物馆复原了琉璃砖砌筑的巴比伦城北门（图058），通称"伊什塔尔城门"（Ishtar Gate）。

| 图054 巴比伦城南宫遗址 |
Southern Palace of Babylon

二、古波斯帝国四大都城

图 055 巴比伦城石狮
Stone Lion, Babylon

图 056 巴比伦城北城墙浮雕
Brick frieze on northern wall of the city of Babylon

| 图057 巴比伦城北门琉璃神牛墙，伊斯坦布尔国家考古博物馆藏 |
Glazed brick panel from the Ishtar Gate, Babylon. Istanbul Archaeological Museum

图 058 巴比伦城伊什塔尔城门复原,柏林佩加蒙德博物馆藏
Reconstruction of the Ishtar Gate, Babylon. Pergamon Museum, Berlin

4. 波斯波利斯（Persepolis）

波斯波利斯之名来自希腊语，意为"波斯城"，在伊朗设拉子市东北 52 公里塔赫特贾姆希德附近扎格罗斯山间盆地中（图 062 和 146），始建于大流士一世时期（公元前 522 年 - 前 486 年）。城址东依热赫马特山，其余三面有围墙环绕（附图：波斯波利斯万国之门与王宫遗址全景图，第 388-394 页）。主要遗迹有：万国之门、百柱大厅（图 063）、阿巴达纳王宫（图 065）、塔赫里王宫（图 059）、金库（图 149），以及三位古波斯王陵墓（大流士三世墓未完工）等。与其他三座古波斯都城不同，波斯波利斯是波斯人新建的都城，真正代表了古波斯建筑艺术。1979 年，波斯波利斯王宫遗址入选联合国教科文组织世界遗产名录。

图 059 波斯波利斯塔赫里王宫遗址

Tachara, Persepolis

德裔美国考古学家赫兹菲尔德（Ernest E. Herzfeld，1879-1948），1928年受芝加哥大学东方研究所派遣，开始对伊拉克亚述遗址和伊朗帕萨尔加德居鲁士大帝墓等中东古迹进行科学发掘。1935年，结束亚述考古后，赫兹菲尔德首次调查波斯波利斯遗址，随即进行测绘和考古发掘。后与爱因斯坦同时在普林斯顿大学任教，是世界上第一位中东考古学教授。1948年在瑞士逝世，享年69岁（图060）。

继赫兹菲尔德之后，另一位德裔美国考古学家施密特（Erich F. Schmidt, 1831-1904）率领芝加哥大学东方研究所考古队继续发掘波斯波利斯，他是世界考古史上第一个航拍这座波斯古都的考古学家（图061）。

| 图060 中东考古学之父赫兹菲尔德（1879-1948年）|
Ernst E. Herzfeld (1879-1948), the father of Middle Eastern archaeology

| 图061 施密特航拍波斯波利斯遗址 |
Aerial filming of Persipolis site by Erich F. Schmidt

图 062 波斯波利斯王宫遗址航拍
Aerial photograph of Persepolis

二、古波斯帝国四大都城

图 063 波斯波利斯百柱大厅与阿塔薛西斯二世陵墓

Foreground: Hundred Columns site. Background: Rock-cut tomb of Artaxerxes II, Persepolis

| 图 064 波斯波利斯三宫门大厅米底卫兵浮雕 |
Bas-relief of median guardsmen on the Tripylon, Persepolis

| 图 065 波斯波利斯阿巴达纳王宫浮雕，琐罗亚斯德教表示新年的符号 |
A bas-relief containing Zoroastrian symbols for Norwuz (New Year) on the staircase of the Apadana, Persepolis

三、古波斯"帝陵"之起源

大流士一世以前,古波斯王墓采用地面建筑。帝王谷(Naqsh-e Rustam, 图 072-073)大流士一世墓模仿米底王陵墓开始采用崖墓形式,开创了印度和中国石窟寺之历史先河。

2018 年 1 月,我们凭吊了伊朗西南境克尔曼沙赫省一座米底贵族崖墓(图 066-067)。不过,米底国王的陵墓在伊拉克苏莱曼尼亚省两伊边境基兹卡潘(Qizqapan),距苏莱曼尼亚西约 70 公里去埃尔比勒的路上,今称"基兹卡潘石窟"(图 068-070)。据俄国学者狄亚克诺夫考证,此墓当为米底王国第四代君主基亚克萨雷斯(Cyaxares)之墓,年代在公元前 585 年(I. M. Dyakonov, 1992, pp. 112-119)。

| 图 066 伊朗克尔曼沙赫省米底贵族崖墓 |
Rock-cut tombs of Median noblemen, Kermanshah, Iran

三、古波斯"帝陵"之起源

| 图 067 米底贵族崖墓祆教祭坛和术士浮雕,位于伊朗克尔曼沙赫 |

Bas-relief showing an altar and Zoroastrian priests located in close proximity to the rock-cut tombs of Median noblemen, Kermanshah of Iran

| 图 068 米底王基亚克萨雷斯墓,位于伊拉克北境基兹卡潘 |

Tomb of Median King Cyaxares, at Qizqapan in northern Iraq close to the border with.Turkey

063

第一章 古波斯帝王、都城与陵墓

公元前625年，基亚克萨雷斯即位，他将孙女嫁于新巴比伦国王尼布甲尼撒二世。两国正式结盟，新巴比伦空中花园就是为这位米底公主所建。公元前609年，亚述帝国灭亡，国土被新巴比伦、米底和埃及三国瓜分。此后，基亚克萨雷斯继续西进，消灭乌拉尔图王国，与小亚细亚强国吕底亚发生冲突。两国在哈吕斯河一带展开激战，接连五年未决出胜负。公元前582年，泰勒斯预测日食发生。在泰勒斯的协助下，米底与吕底亚两国化敌为友，结为友邦。

| 图 069 米底国王基亚克萨雷斯墓 |
Line drawing of the rock-cut tomb of the Median King Cyaxares, Qizqapan

| 图 070 米底王基亚克萨雷斯崖墓（细节）|
Rock-cut tomb of Cyaxares, Qizqapan

关于两河流域古代崖墓的起源，目前尚不十分明确。除米底王国之外，小亚细亚西部弗吉利亚人也在这个时期开凿崖墓。如小亚细亚西部弗吉利亚崖墓，年代约在公元前7世纪（图071）。不久，弗吉利亚灭于小亚细亚西部的吕底亚王国。直到公元前4世纪，小亚细亚的吕底亚人才大规模使用爱奥尼亚式崖墓，如土耳其西部特尔美苏斯（Telmessus）崖墓，但年代比古波斯崖墓晚得多。

| 图071 小亚细亚西部弗吉利亚崖墓 |
Phrygian rock-cut tomb in the western part of Asia Minor

图 072 古波斯四王墓,波斯波利斯西北 12 公里帝王谷
The four rock-cut tombs of the Achaemenid kings in Naqsh-e Rustam located ca. 12 km northwest of Persepolis

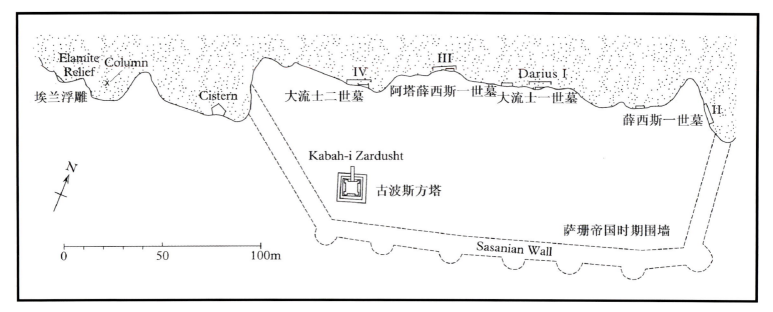

|图073 帝王谷古波斯王墓分布图|

Map of the tombs of the Ancient Persian kings in Naqsh-e Rustam

米底王基亚克萨雷斯墓开凿于伊拉克库尔德斯坦苏莱曼尼亚省基兹卡潘（图068-070），故称"基兹卡潘石窟"（Qizqapan Cave）。从柱头和雕塑风格看，米底王崖墓形制模仿古希腊的爱奥尼亚式建筑。

米底王墓采用古希腊风格的爱奥尼亚式石柱头和莲花图案（图069-070）。古波斯帝王崖墓就模仿这座墓的形制，如波斯波利斯王宫阿塔薛西斯三世墓，只是古希腊爱奥尼亚式石柱头改为古波斯风格的双牛柱头（图074）。

|图074 阿塔薛西斯三世墓门外双牛柱头浮雕|

Double headed bull pillar capital on the bas-relief of Rock-cut tomb of Artaxerxes III

三、古波斯"帝陵"之起源

| 图 075 亚述王库都鲁·美里史帕克石碑，巴黎卢浮宫藏 |
Stela of Assyrian King Kudurru-Melishipak, Louvre, Paris

| 图 076 米底国王基亚克萨雷斯墓门外金星 |
Depiction of Venus carved outside the entrance to the Rock-cut tomb of Cyaxares, King of Media

| 图 077 波斯波利斯哈迪失王宫阿胡拉·玛兹达浮雕 |
Ahuramazda relief on the Hadish, Persepolis

米底王基亚克萨雷斯陵墓的阿胡拉·玛兹达浮雕像采用双翼（图078），并为帕萨尔加德古波斯皇宫门楼居鲁士大帝浮雕像仿效（图011），而波斯波利斯的哈迪失王宫（图077）和大流士墓的阿胡拉·玛兹达像改为单翼，后者位于墓门外爱奥尼亚柱头左侧。米底王基亚克萨雷斯墓门外右侧则为亚述王墓碑（图075和080）常见的金星（图076），门外门楣上有祆教祭坛浮雕，火坛两边是两个戴口罩、手持弓箭的祆教术士（图069-070）。

美索不达米亚古代帝王自认为是月神的后裔。如公元前18世纪汉谟拉比继承了巴比伦城邦王位，自称是"月神的后裔"。米底王基亚克萨雷斯墓门外门楣火坛图案上为米底国王立像，站在月亮里（图079）。

米底国王基亚克萨雷斯墓室内有两个在岩石中开凿的石棺（图081）；伊朗帝王谷大流士墓室内也开凿了两个石棺（图082），但是早年被盗掘，没发现任何文物。

|图078 米底国王基亚克萨雷斯墓门外阿胡拉·玛兹达浮雕|

Ahura Mazda relief outside the entrance of Rock-cut tomb of Cyaxares, Median king

第一章 古波斯帝王、都城与陵墓

| 图 079 基亚克萨雷斯崖墓门外米底国王浮雕像 |
Bas-relief carving of a Median king outside the entrance to the rock-cut tomb of Cyaxares

| 图 080 亚述王阿淑尔纳西尔帕二世石碑,约公元前 9 世纪,伊拉克北部尼姆鲁出土,高约 294 厘米,伊斯坦布尔考古博物馆藏 |
Stela of Assyrian King Ashurnasirpal II, ca. 9th century BCE, Northern Iraq Nimrud, H.: ca. 294 cm, Istanbul Archaeological Museum.

三、古波斯"帝陵"之起源

| 图 081 米底国王基亚克萨雷斯崖墓内石棺 |
Burial pit in the rock-cut tomb of the Median king Cyaxres

| 图 082 大流士大帝崖墓内石棺 |
Burial pits in the rock-cut tomb of Darius the Great

077

第二章

第二章 古波斯帝国的扩张与郡国
II. The role of satrapies in the expansion of the Achaemenid Empire

一、大流士一世埃及雕像之 24 郡国武士浮雕

据托勒密二世的古埃及祭司马涅托（Manetho）记载，波斯人在埃及先后建立过两个王朝，也即第 27 王朝和第 31 王朝，历经 11 位波斯王长达 130 多年的统治（Manetho, 1940, pp.175-177 and 185-187）。波斯人占领埃及后，埃及成为古波斯帝国的一大负担，正如它曾是亚述帝国的沉重负担一样。埃及距离波斯比亚述更远。在反抗波斯异族统治时，埃及人往往得到来自海上的希腊人的声援。公元前 522 年，大流士一世镇压了埃及起义，但大流士统治末期，埃及人再度揭竿而起。公元前 343 年，当埃及再度被大流士三世征服后，距古波斯帝国被倾覆也不过十几年的光景。

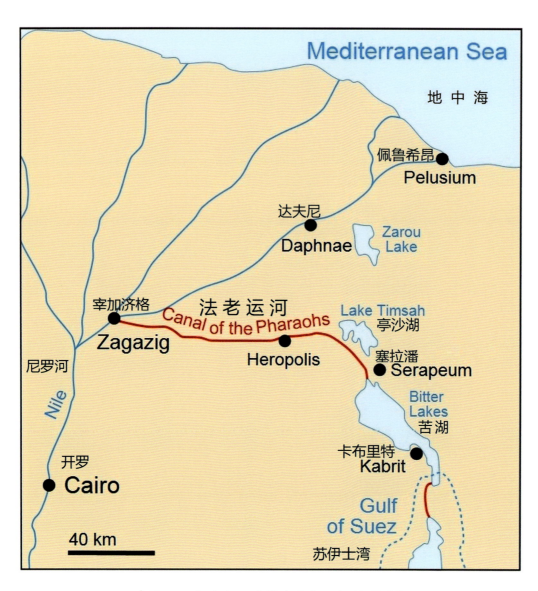

| 图 083 大流士一世所建法老运河位置图 |
Location of the Pharaoh Canal built by Darius the Great

苏萨王宫遗址出土了一尊大流士大帝石雕像,头部缺失,残高246厘米;底座高51厘米,长105厘米,宽64厘米。这尊雕像胸部写满古埃及象形文字,原立于古埃及法老运河畔(图083-084)头部可能毁于埃及起义,后来被运回苏萨,现藏伊朗国家考古博物馆(图084-087)。其铭曰:"阿胡拉·玛兹达是伟大的神灵。他创造了大地、天空和人类。为人类创造了幸福,并且尊大流士为王。这尊石雕像是大流士下令在埃及制作的,以便将来每个人都知道波斯统治过埃及。阿契美尼德王朝君主大流士曰:我是大流士,伟大的国王,王中之王,所有民族之王,天涯海角之王,希斯塔斯贝斯之子。祝愿阿胡拉·玛兹达保佑我,保佑我所做的一切。"

| 图 084 苏萨遗址出土大流士一世埃及造像 |
Egyptian statue of Darius I excavated from Susa

第二章 古波斯帝国的扩张与郡国

这尊大流士大帝雕像底座还刻有古波斯帝国24郡国名录，用古埃及象形文字刻写（图085-087）。名单如下：

波斯、米底、埃兰、雅利安、帕提亚、巴克特里亚、粟特、阿拉霍西亚、疾陵、萨塔吉迪亚、花剌子模、斯基泰；印度、马卡、努比亚、利比亚、埃及、阿拉伯、亚述、色雷斯、卡帕多西亚、吕底亚、亚美尼亚、巴比伦。

| 图 085 大流士雕像胸部古埃及象形文字 |
Frontal view of the Egyptian statue of Darius I from Susa

| 图 086B 苏萨出土大流士一世造像埃及文 24 国名录 |

Inscription on the left side of the plinth of an Egyptian statue of Darius I excavated from Susa showing twelve of the twenty four nations subject to the Achaemenid Empire during his reign

| 图 086A 苏萨出土大流士一世造像埃及文 24 国名录 |

Inscription on the right side of the plinth of an Egyptian statue of Darius I excavated from Susa showing twelve of the twenty four nations subject to the Achaemenid Empire during his reign

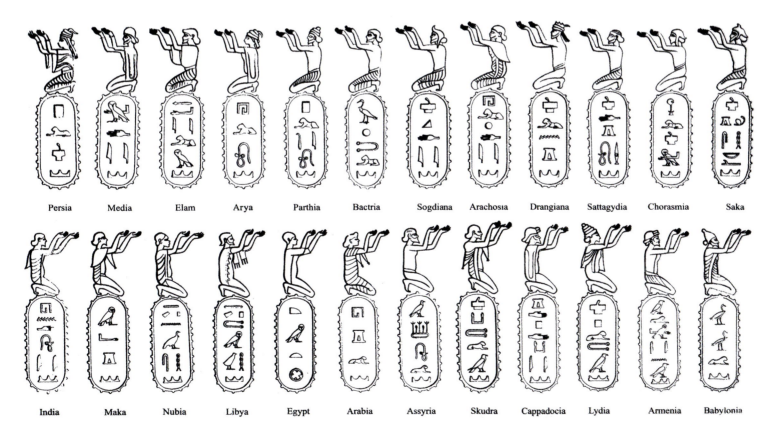

| 图 087 苏萨出土大流士一世造像埃及文 24 国名录 |

Sketch of the inscription on both sides of the plinth of an Egyptian statue of Darius I from Susa showing the twenty four nations subject to the Achaemenid Empire during his reign.I

二、贝希斯敦楔形文字碑铭与浮雕

公元前519年,大流士一世篡位引发巴比伦、埃兰、米底、马尔吉亚纳等地爆发大规模起义,很多人自称是王位合法继承人,纷纷自立为王。如阿辛纳领导埃兰人起义;尼丁图·贝尔在巴比伦人中建立新巴比伦王国准备独立;米底人弗拉欧尔铁斯起兵自立;国内瓦希亚兹达塔得到了帕萨尔加德宫廷禁卫军支持,自立为新波斯国王。大流士费时一年多,历经大小十九场战役,十多万人死于疆场,才把各地爆发的起义镇压了下去,使得帝国重归一统,先后擒获了十个叛王。

公元前520年9月,大流士让人在贝希斯敦山崖上用埃兰文、波斯文和阿卡德语巴比伦方言三种文字编造历史,谎称他们谋杀的波斯王巴尔迪亚是祆教祭司高墨达假扮的,史称"贝希斯敦铭文"(图088)。自19世纪英国学者罗林森(Henry Rolinson)破译以来,贝希斯敦铭文的史料价值立即受到国际学术界广泛关注(拱玉书,2002年,第64-67页)。

贝希斯敦铭文正中上方是祆教主神阿胡拉·玛兹达浮雕,国王大流士一世身罩披肩,气宇轩昂,目视祆教主神。他脚踏火祆教术士高墨达(实为波斯王巴尔迪亚)腹部,身后是大流士朝权臣持弓者印达弗尔涅斯(Intaphrenes,图089)和持矛者高巴鲁瓦(Gobryas),而被俘获的十个叛王在大流士面前一字排列。贝希斯敦铭文接近末尾部分(第80-86节)提到协助大流士篡位的波斯七贵族。其铭曰:

大流士王说:"当我杀死自称巴尔迪亚的穆护(祆教术士)高墨达时,有下述人在场,这些人当时作为我的支持者一起协力行动:(Ⅰ)瓦亚斯帕拉之子印达弗尔涅斯,波斯人;(Ⅱ)图哈拉之子乌塔纳(乌塔涅斯),波斯人;(Ⅲ)玛尔杜尼亚(玛尔多纽斯)之子高巴鲁瓦,波斯人;(Ⅳ)巴加比格纳之子叙达尔涅斯,波斯人;(Ⅴ)达图瓦西亚之子巴加布赫沙(美加比佐斯),波斯人;(Ⅵ)瓦哈乌卡之子阿尔杜马尼什,波斯人"(李铁匠,1992年,第48页)。

二、贝希斯敦楔形文字碑铭与浮雕

图 088 贝希斯敦铭文浮雕
The Behistun Inscription

| 图 089 大流士朝权臣持弓者印达弗尔涅斯 |
Detail of the Behistun inscription showing the bas-relief of Intaphrenes [1]

---

[1] After Hengameh Dowlatshahi, Armand Karimi Goudarzi et. al., 2008, p.126

二、贝希斯敦楔形文字碑铭与浮雕

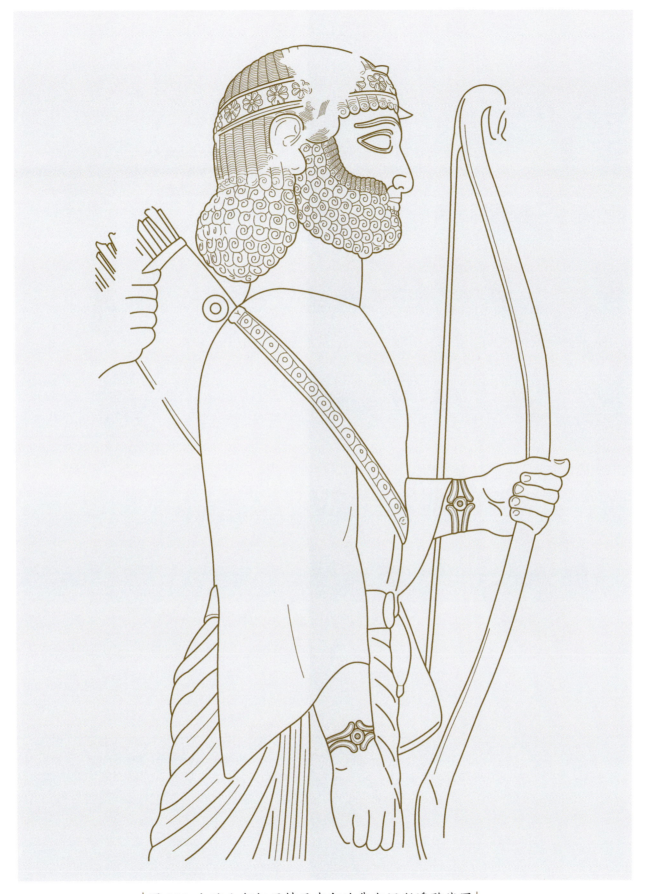

| 图 090 大流士朝权臣持弓者印达弗尔涅斯浮雕线图 |

Line drawing showing a detail of the Behistun inscription showing the bas-relief of Intaphrenes

希罗多德《历史》也提到刺杀高墨达的波斯七贵族。其中六人名字可与贝希斯敦铭文相互印证，如奥塔尼斯即乌塔纳，戈布里亚斯即高巴鲁瓦，因塔法尼斯（Intaphrenes）即印达弗尔涅斯，玛伽巴祖斯即巴加布赫沙，许达尼斯即叙达尔涅斯。只是希罗多德把铭文中波斯贵族阿尔杜马尼什错认成了大流士一世朝权臣阿斯帕提涅斯（Aspathines，希罗多德，2013年，第226页）。

贝希斯敦铭文浮雕10个不幸的俘虏，双手缚于身后，被割掉耳朵和鼻子。大流士擒获的叛王从左到右依次是：1.高墨达（波斯王巴尔迪亚）、2.埃兰叛王阿辛纳、3.巴比伦叛王尼丁图·贝尔、4.埃兰叛王马尔提亚、5.米底叛王弗拉欧尔铁斯、6.萨加尔提亚叛王特里坦塔伊赫米斯、7.波斯叛王瓦希亚兹达塔、8.巴比伦叛王阿尔哈、9.马尔吉亚纳叛王弗拉达、10.斯基泰叛王思昆哈。除思昆哈之外，叛王排列顺序依照被处死时间先后。关于这些叛王，贝希斯敦碑铭第四栏第2—30行有详细描述。其铭曰：

> 大流士王说：靠阿胡拉·玛兹达之佑恩，以上就是我成为国王之后，在一年之内所建立的功绩。我进行了19次战争，靠阿胡拉·玛兹达之佑，我击败了他们，擒获了9个国王。
>
> 一个是穆护高墨达。他说谎。他这样说："我是居鲁士之子巴尔迪亚。"他使波斯发生了叛乱。
>
> 一个是埃兰人阿辛纳，他说谎。他这样说："我是埃兰国王。"他使埃兰人背叛了我。
>
> 一个是巴比伦人尼丁图·贝尔，他说谎。他这样说："我是尼布甲尼撒，纳波尼德之子。"他使巴比伦发生了叛乱。
>
> 一个是波斯人马尔提亚，他说谎。他这样说："我是伊玛尼什，埃兰的国王。"他使埃兰发生了叛乱。
>
> 一个是米底人弗拉欧尔铁斯，他说谎。他这样说："我是库阿克撒列斯宗室（米底王族）的赫沙什里塔。"他使米底发生了叛乱。
>
> 一个是萨迦尔提亚人特里坦塔伊赫米斯，他说谎。他这样说："我是萨迦尔提亚之王，库阿克撒列斯之族属。"他使萨迦尔提亚发生了叛乱。
>
> 一个是马尔吉安纳人弗拉达，他说谎。他这样说："吾乃马尔吉安纳之王。"他使马尔吉亚纳发生了叛乱。
>
> 一个是波斯人瓦希亚兹达塔，他说谎。他这样说："我是居鲁士之子巴尔迪亚。"他使波斯发生了叛乱。
>
> 一个是亚美尼亚人阿拉哈，他说谎。他这样说："我是尼布甲尼撒，纳波尼德之子。"他使巴比伦发生了叛乱（李铁匠，1992年，第45-46页）。

关于斯基泰叛王思昆哈，贝希斯敦铭文第5栏第20—33行写道："大流士说：后来，我带一支军队讨伐尖帽斯基泰人。这些斯基泰人背叛了我。当我到达海边之后，我率领全军渡过大海到达对岸。我大败斯基泰人。我擒获另一名首领，他被缚送我处，我处决了他。他们抓住其首领思昆哈，并送到我处。随后，我按照自己的意思，任命了一个人作首领。这个地区立即又成了我的。大流士王说：这些斯基泰人是不义之人，他们不崇拜阿胡拉·玛兹达。我崇拜阿胡拉·玛兹达。靠阿胡拉·玛兹达之佑，我惩罚他们一任己意"（李铁匠，1992年，第49页）。

贝希斯敦铭文楔形文字用三种不同语言书写（古波斯语、新埃兰语、阿卡德语巴比伦方言），内容相同（图091）。其铭曰："大流士王说：靠阿胡拉·玛兹达之佑，我成了国王，阿胡拉·玛兹达赐予我王国（第11-12行）。大流士王说：下列地区：波斯、埃兰（胡齐斯坦）、巴比伦、亚述、阿拉伯、埃及、沿海诸地、萨狄斯（吕底亚）、爱奥尼亚、米底、亚美尼亚、卡帕多西亚、帕提亚、疾陵（锡斯坦）、雅利安（赫拉特）、花刺子模、巴克特里亚、粟特、犍陀罗、斯基泰（塞卡）、萨塔吉迪亚、阿拉霍西亚、马卡（格德罗西亚），总共23个地区归我所有，靠阿胡拉·玛兹达之佑，我成了他们的国王（第12-17行）"（李铁匠，1992年，第35-36页；林志纯，1974，第187-188页）。印度和巴尔干半岛的色雷斯和马其顿当时尚未被征服，故不在这个名单当中。

贝希斯敦铭文第88-92行还写道："大流士王说：靠阿胡拉·玛兹达之佑，这就是我作成的铭文。此外，这个铭文又用雅利安文字写在泥版与羊皮纸上。……随后，我把这个铭文分送全国各地，人民共同遵循"（李铁匠，1992年，第48页）。据考古发现，贝希斯敦铭文还用阿拉美文写在纸草上，如柏林新博物馆就藏有贝希斯敦铭文阿拉美文版纸草文书残片（图091）。希罗多德是古波斯帝国卡里亚臣民，他就是根据贝希斯敦铭文希腊文版撰写了大流士平定各地叛乱的历史。

古波斯帝国官方文字的解读

古波斯帝国主体民族为波斯人、埃兰人、亚述人和巴比伦人，因此波斯王采用楔形文字拼写的三种官方文字（古波斯文、埃兰文和阿卡德文）发表诏书和敕令（图092），而古波斯民间广为流行的世俗文字则采用阿拉美文（图091）。

| 图091 贝希斯敦铭文阿拉美文版纸草文书残片，柏林新博物馆藏 |

An Aramaic copy of the Behistun inscription on a papyrus. Neues Museum, Berlin

古波斯文

埃兰文

阿卡德文

| 图092 古波斯帝国用楔形文字拼写的三种官方文字（古波斯文、埃兰文和阿卡德文） |

The Achaemenid royal cuneiform in the trilingual inscriptions (Ancient Persian, Elamite and Akkadian)

第一个对楔形文字的解读做出贡献的人是德国学者卡斯滕·尼布尔（Carsten Niebuhr，1733-1815，图093）。他发现波斯波利斯王宫出土铭文都用三种不同字母镌刻，书写方向从左至右。他编制的古波斯文字母表包括42个字母，其中32个是正确的。经欧洲语言学家不懈努力，古波斯语楔形文字最后被英国学者罗林森（Henry C. Rawlinson，1810-1895）根据贝希斯敦铭文全部解读，从而为解读古波斯三语碑铭中另外两种文字——埃兰文和阿卡德文奠定了基础（拱玉书，2002年，第47-67页）。

埃兰是近东古文明发源地之一，埃兰人可谓古波斯帝国文明程度最高的民族。古波斯帝国征服埃兰后，以埃兰文为官方文字。大流士执政后，始令埃兰书吏创建古波斯文，才使波斯人摆脱文盲时代。尽管《创世纪》将埃兰人的祖先追溯到闪族（Shem），但埃兰语与闪语（或称"塞姆语"）风马牛不相及。从考古材料看，埃兰语可能和古印度河文明创造者所操语言相同，但二者目前均未被解读。

古波斯帝国第三种官方文字——阿卡德文是苏美尔人创造的，阿卡德语南部方言称"巴比伦语"，北部方言称"亚述语"。爱尔兰学者爱德华·欣克斯（Edward Hincks，1767—1857）和英国学者罗林森（图094）各自独立地对解读阿卡德文做出突出贡献。

| 图 093 德国学者卡斯滕·尼布尔（Carsten Niebuhr，1733—1815）|

| 图 094 英国学者罗林森（Henry C. Rawlinson，1810—1895）|

三、古波斯王陵墓 30 郡国武士

古波斯帝王陵墓武士浮雕的先后顺序,依据帝王谷大流士一世墓 29 郡国名录排列如下:"大流士王说:靠阿胡拉·玛兹达之佑,我占领了从波斯到遥远地区:1.米底、2.埃兰、3.帕提亚、4.雅利安、5.巴克特里亚、6.粟特、7.花剌子模、8.疾陵、9.阿拉霍西亚、10.萨塔吉迪亚、11.犍陀罗、12.印度、13.饮豪麻汁的斯基泰、14.尖帽斯基泰人、15.巴比伦、16.亚述、17.阿拉伯、18.埃及、19.亚美尼亚、20.卡帕多西亚、21.萨狄斯(吕底亚首府)、22.爱奥尼亚、23.海滨斯基泰、24.斯库德拉(色雷斯)、25.持盾牌的爱奥尼亚人(马其顿人)、26.利比亚、27.努比亚(埃塞俄比亚)、28.马卡、29.卡里亚。我统治他们,他们向我交纳贡赋。凡我对他们所下的命令,他们都要执行;凡我制定的法律,他们都得遵守"(李铁匠,1992年,第50-51页)。[1] 大流士一世墓的楔形文字碑铭列举了 29 个郡国,波斯不在其内,比贝希斯敦铭文多了 6 个国名(图095)。

关于古波斯帝国的 29 个郡国,帝王谷薛西斯一世墓楔形文字碑铭记载:"薛西斯王说:靠阿胡拉·玛兹达保佑,我成了从波斯到下述遥远地区的国王:1.米底、2.埃兰、3.阿拉霍西亚、4.亚美尼亚、5.疾陵、6.帕提亚、7.雅利安、8.巴克特里亚、9.粟特、10.花剌子模、11.巴比伦、12.亚述、13.萨塔吉迪亚、14.萨狄斯(吕底亚首府)、15.埃及、16.海边爱奥尼亚、17.马卡、18.阿拉伯、19.犍陀罗、20.印度、21.卡帕多西亚、22.大益(里海以东居民)、23.饮豪麻汁的斯基泰、24.尖帽斯基泰、25.斯库德拉(色雷斯)、26.阿卡乌瓦卡(马其顿)、27.卡里亚、28.努比亚。我统治他们,他们向我交纳贡赋。凡是我下达的命令,他们都要执行。凡是我制定的法律,他们都得遵守"(李铁匠,1992年,第55-56页)。希罗多德把古波斯帝国附属国分为 20 郡国,名单如下(希罗多德,2013年,第236-237页):

1. 居住在亚细亚的爱奥尼亚人与玛格涅希亚人、爱奥里斯人、卡里亚人、吕西亚人、米吕阿伊人和帕姆庇利亚人。

2. 米底人、吕底亚人、拉索尼欧伊人、卡巴里欧伊人和叙根涅伊司人。

3. 乘船进入海峡时位于右侧的海列斯彭特人、弗里吉亚人、亚细亚的色雷斯人、帕普拉哥尼亚人、玛利安杜尼亚人和叙利亚人。

4. 西里西亚人。

5. 以阿姆披亚拉欧斯的儿子阿姆披罗科司在西里西亚人和叙利亚人边界地方所建立的波西迪昂市为始点,除开阿拉伯人的领地(因为他们是免税的),直到埃及地区,包含在这区之内的有整个腓尼基、所谓巴勒斯坦、叙利亚和塞浦路斯。

6. 埃及、与埃及接壤的利比亚、库列涅及巴尔卡(以上均属于埃及区)。

7. 萨塔吉提亚人、犍陀罗人、达迪卡伊人、阿帕里塔伊人。

---

[1] 本文引用时,对国名做了编号,若干译名做了标准化处理。

8. 苏萨和奇西亚人。

9. 巴比伦和亚述其他地方。

10. 阿格巴塔拿和米底其他地区，包括帕利卡尼欧伊人、欧尔托科律般提欧伊人。

11. 卡斯披亚人、帕乌西卡伊人、潘提玛托伊人及达列依泰人。

12. 从巴克特里亚人之地直到埃格洛伊人的地方。

13. 帕克图伊卡、亚美尼亚以及直到黑海接壤地区。

14. 包括萨加尔提亚人、萨朗伽伊人、塔玛奈欧伊人、乌提欧伊人、米科伊人及国王使所谓"强迫移民"所定居的红海诸岛居民。

15. 斯基泰人和卡斯披亚人。

16. 帕尔提亚人、花剌子模人，粟特人和雅利安人。

17. 玛提伊涅人、撒司配列斯人、阿拉罗狄欧伊人。

19. 莫司科伊人、提巴列诺伊人、玛克罗涅斯人、摩叙诺依科伊人，以及玛列斯人和印度人。

20. 波斯人：在这个古波斯帝国各郡国或附庸国名单中，未包括免税的波斯，以及"不纳税而奉献礼物的人们"。希罗多德《历史》（Ⅲ 97）记载："只有波斯不在纳贡区之列——因为波斯人的居住地是免纳一切税金的。那些不缴纳固定的贡金，而是向国王奉献礼物的民族，首先就是靠近埃及的埃塞俄比亚人，他们是在冈比西斯与长寿的埃塞俄比亚人交战时被征服的；还有居住在圣城尼萨附近，并且举行节日以纪念狄奥尼索斯的那些人。……奉献礼物的还有科尔基斯人以及居住在他们那里到高加索山脉之间的他们的邻人——波斯人统治范围就到达这里，在高加索山以北，谁也不会惧怕波斯人了……"（希罗多德，2013年，第238页）

自大流士一世陵墓开始，每个波斯帝王墓都刻有30郡国武士浮雕，其中第1—14武士浮雕只有阿塔薛西斯二世墓保存完好，图像清晰。第15—30国武士浮雕只有帝王谷薛西斯一世墓（图096）和波斯波利斯阿塔薛西斯二世墓保存相对完好，分述于下：

图095 帝王谷大流士一世墓楔形文字碑铭和浮雕
Cuneiform inscription and bas-relief on the outside of the Darius I tomb in Naqsh-e Rustam

三、古波斯王陵墓 30 郡国武士

1. 波斯人（Persians）

波斯人与米底人同属印欧语系民族，早年定居于伊朗高原西北部（图097）。他们都是从南俄草原迁入伊朗高原的，入居伊朗卢里斯坦和克尔曼沙赫两地，卢里斯坦青铜器或为波斯祖先之遗物，多为青铜铸造的马具、动物纹饰件和各种兵器，年代在公元前1000年至前650年。

2. 米底人（Medians）

米底人和波斯人起初皆臣服于亚述帝国。米底人推翻亚述帝国之后，波斯人又臣服于米底王国。波斯王宫御林军由波斯、米底和埃兰卫兵组成（图097），构成波斯帝国军队的核心。阿姆河宝藏有两个米底武士鎏金银像，与波斯波利斯王宫米底卫兵浮雕如出一辙，现藏大英博物馆（图099-100）。

1	2	3	4	5	6	7	8
Persian	Median	Elamite	Parthian	Aryan	Bactrian	Sogdian	Chorasmia

Maka	Saka tigraxauda	Babylonian	Assyrian	Arab	Egyptian	Armenian	Cappadocian	Lydian
29	15	16	17	18	19	20	21	22

三、古波斯王陵墓30郡国武士

| 图097 波斯波利斯阿塔薛西斯三世墓波斯、米底、埃兰武士浮雕（从左到右）|
Detail showing warriors of Persia, Media and Elamite (from the left to the right) on the Rock-cut Tomb of Artaxerxes III, Persepolis

```
   10         11           12          13         14
n Arachosian Sattagydian Gandharian Hindush Saka haumavarga
```

| 图096 帝王谷薛西斯一世墓30郡国武士浮雕 |
Bas-relief of 30 satraple warriors on the Rock-cut Tomb of Xerxes I, Naqsh-e Rustam

```
Overseas Saka  Skudrian    Ionian     Libyan  Ethiopian      Carian
                        with shield-hat
   24      25              26          27       28             30
```

095

第二章 古波斯帝国的扩张与郡国

| 图 098 阿姆河宝藏埃兰长老金像 |
Golden statue of an Elamite elder, Oxus treasure

| 图 100 阿姆河宝藏米底贵族金像 |
Golden statue of a Median nobleman, Oxus treasure

| 图 099 阿姆河宝藏米底骑兵金像 |
Gold Median Cavalry statues, Oxus treasure

3. 埃兰人（Elamites）

埃兰人是两河流域最古老的民族之一，公元前 3000 年以前就在底格里斯河东岸建国。他们和古印度文明创造者——达罗毗荼人关系密切。埃兰人是两河流域最有文化素养的民族，波斯人需要埃兰人的才能管理国家。古波斯帝国的禁卫军士兵、行政官吏，尤其是王室经济管理人员，几乎都是埃兰人（图 098 和 101-104）。埃兰楔形文字作为古波斯帝国官方文字使用了上百年之久，直到帝国晚期才被古波斯帝国世俗文字——阿拉美文取代。

| 图 101 波斯波利斯阿巴达纳王宫埃兰卫兵浮雕 |
Bas-relief of Elamite soldiers on the Apadana, Persepolis

卢浮宫藏埃兰长老金像和银像，手持拐杖，怀抱小羊，高7.6厘米（图102），1904年法国考古队在苏萨王宫皇家祭祀区发现，年代当在公元前12世纪（田边胜美，2000年，第212页）。更为精美的埃兰长老怀抱小羊金像，现为香港收藏家私人所有。通高15.8厘米，最大径4.9厘米，重509克（图103-104）。

图102 苏萨出土埃兰长老怀抱小羊金像和银像，卢浮宫藏品

Golden and silver statues of an Elamite elder, Louvre, Paris

图103 埃兰长老持手杖怀抱小羊金像，香港收藏家私人藏品

Golden statue of an Elamite elder, from a private collection in Hong Kong

三、古波斯王陵墓 30 郡国武士

| 图 104 埃兰长老持手杖怀抱小羊金像（侧面图）|

Golden statue of an Elamite elder, from an important private collection in Hong Kong

099

第二章 古波斯帝国的扩张与郡国

4. 帕提亚人（Parthians）

帕提亚人与波斯、米底人同属于印欧语系民族，本为里海东岸呼罗珊地区的游牧部落（图105）。公元前553年，波斯贵族居鲁士二世举兵反抗米底王国统治，公元前550年建立古波斯帝国。公元前549—前548年，米底统治下的埃兰、帕提亚、亚美尼亚相继归降波斯，大流士一世的父亲即古波斯帝国的帕提亚总督。张骞根据帕提亚王族姓氏Arsaks将其称为"安息"。最早到中国传播佛教的安世高，即帕提亚王子。伊朗胡齐斯坦省波斯湾沿岸发现过一个帕提亚王子青铜像，年代在公元1—2世纪，现藏于伊朗国家考古博物馆（图106）。

图105 阿塔薛西斯三世墓帕提亚、雅利安、巴克特里亚、粟特武士浮雕（从左至右）
Detail of Warriors from Parthia, Arya, Bactria and Sogdiana (from the left to the right) on the bas-relief carvings of the rock-cut tomb of Artaxerxes III, Persepolis

三、古波斯王陵墓 30 郡国武士

图 106 帕提亚王子青铜像，伊朗国家考古博物馆藏
Bronze statue of a Parthian prince, National Archaeological Museum of Iran

5. 雅利安人（Aryans）

雅利安是古波斯帝国东方郡国之一，亦称"阿里伊人"，首府在阿尔塔科安（Artacoana），今阿富汗西境赫拉特（Herat，图107）。希罗多德《历史》记载：阿里伊人配备着米底的弓，而在其他方面和巴克特里亚人完全一样。……他们的装束和巴克特里亚人完全一样"（希罗多德，2013年，第485页）。

三、古波斯王陵墓 30 郡国武士

图 107 雅利安古都，今阿富汗赫拉特城
Arya, capital of the ancient kingdom of Aryans in Herat, Afghanistan

6. 巴克特里亚人（Bactrians）

巴克特里亚是古波斯帝国东方郡国之一，在今阿富汗西北部，张骞称之为"大夏"（图105）。首府在巴克特拉，今阿富汗西北马扎里沙里夫的巴尔赫古城（图108）。巴克特里亚总督达达希什联合粟特人支持大流士一世夺权，因而遭到反对者马尔吉亚纳和斯基泰酋长的攻击。希罗多德《历史》记载：此次出征的巴克特里亚人，头部的佩戴酷似米底人。他们按照本地的习俗带着藤弓和短枪"（希罗多德，2013年，第485页）。

图108 古都巴克特拉，今阿富汗西北马扎里沙里夫的巴尔赫古城
Ancient capital of Bactra in the Balkh site of Mazar-i-Sharif, Afghanistan

三、古波斯王陵墓 30 郡国武士

| 图 109 波斯波利斯阿塔薛西斯三世墓的花剌子模、疾陵、阿拉霍西亚武士岩刻浮雕（从左至右）|

Detail of warriors from Chorasmia, Drangiania and Arachosia (from the left to the right) in the bas-relief carvings of the rock-cut tomb of Artaxerxes III, Persepolis

第二章 古波斯帝国的扩张与郡国

7. 粟特人(Sogdians)

粟特人生活在中亚阿姆河与锡尔河之间的泽拉夫善河流域。早在居鲁士大帝时代,粟特就成为古波斯帝国东方郡国之一。粟特王国首府在马拉坎达,今乌兹别克斯坦撒马尔干城附近阿弗拉西亚普(Afrasiyab)遗址,唐代文献称"康国"(图110)。1220年,成吉思汗率领的蒙古军队屠城,城废。14世纪,帖木儿帝国所建新城在旧城之南。据希罗多德《历史》记载,粟特人与帕提亚人、花剌子模人、雅利安人同为古波斯第16郡国(图105),要交纳贡金300塔兰特(希罗多德,2013年,第237页)。

图110 粟特古都,撒马尔干城北阿弗拉西亚普遗址
Afrasiab, ancient capital of Sogdiana, north of Samarkand, Uzbekistan

8. 花剌子模人（Chorasmians）

公元前544年，居鲁士大帝远征中亚，在乌兹别克斯坦和土库曼斯坦之间咸海南岸阿姆河流域兴建居鲁士城（Cyropolis），于是花剌子模成为古波斯帝国东方郡国之一（图109）。据考古发现，乌兹别克斯坦卡拉里·吉尔（Kalaly-gyr）有一座波斯古城，可能是花剌子模太守驻地。该古城面积约60万平方米，城墙宽约15米。城墙四面均有城门，面积约5000平方米。城内有两座宫殿遗址和一个祆教石构祭坛。类似的石构祭坛在帝王谷古波斯陵墓附近亦有发现。城内出土遗物有格里芬石膏印模、波斯骑士猎狮浮雕残块等（图111-112）。唐代史料称花剌子模为"火寻"，列为"昭武九姓"之一。

| 图 111 卡拉里·吉尔古城出土花剌子模骑士猎狮浮雕残块 |
Vessel with impressed decoration showing a mounted rider killing a lion, from Ruin of Kalaly-gyr

| 图 112 卡拉里·吉尔古城出土格里芬石膏印模 |
Plaster model of a griffin medallion from the ruin of Kalaly-gyr (After S. B. Bolelov et al., 2013, p. 27)

9. 疾陵人（Drangians）

疾陵是古波斯帝国东方郡国之一，位于伊朗东境塞斯坦哈蒙湖和阿富汗赫尔曼德河流域（图109）。疾陵首府在达汗·格拉曼（Dahan-e Gholaman）古城，《旧唐书·西域传》称之为"疾陵城"（图113）。显庆年间（656-661年），唐朝在疾陵城建波斯都督府，安置萨珊波斯流亡政府（欧阳修，1975年，第6259页）。

10. 阿拉霍西亚人（Arachosians）

阿拉霍西亚是古波斯帝国东方郡国之一，在今阿富汗坎大哈（图231）。《汉书·西域传》称之为"乌弋山离"，其名源于古希腊人在阿拉霍西亚所建亚历山大城之名。

| 图113 疾陵首府达汗·格拉曼古城 |
Capital city of Drangiana, Dahan-e Gholaman, Sistan, Iran

11. 萨塔吉迪亚人（Sattagydians）

萨塔吉迪亚在古波斯碑铭中称为 Thataguš（百牛之国）。据希罗多德记载，萨塔吉迪亚在犍陀罗附近，两地同属于古波斯帝国第 7 税区（希罗多德，2013 年，第 236 页）。目前研究者将其置于阿拉霍西亚、犍陀罗与雅利安之间（图 114）。德国学者科赫认为，阿巴达纳王宫四方贡使浮雕中犍陀罗与萨塔吉迪亚是同一个使团（图 226）。

| 图 114 阿塔薛西斯三世墓萨塔吉迪亚、犍陀罗、印度、饮豪麻汁的斯基泰武士浮雕 |
Detail showing warriors from Sattagydia, Gandhara, India and Sakā haumavargā (Hauma drinkers) in the bas-relief carvings on the rock-cut tomb of Artaxerxes III, Persepolis

第二章 古波斯帝国的扩张与郡国

12. 犍陀罗人（Gandharians）

犍陀罗是古波斯帝国中亚郡国之一，首府在呾叉始罗（今巴基斯坦塔克西拉，图116）。英国考古学家马歇尔（John Hubert Marshall）在塔克西拉古城发现了古波斯遗址（Bhir mound）和古波斯银币（图115）。

图115 巴基斯坦塔克西拉出土古波斯银币
Achaemenid silver coins, from Taxila, Pakistan

图116 比尔·蒙德——巴基斯坦旁遮普省塔克西拉古城古波斯废墟之一
Bhir Mound, Achaemenid ruin of Taxila, Punjab of Pakistan

13. 印度（Indians）

印度，古波斯碑铭称之为 Hindūsh（信度），在今巴基斯坦印度河东岸信德省，张骞称为"身毒国"。古波斯帝陵印度武士浮雕（图114）与印度巴尔胡特（Bharhut）出土和比哈尔博物馆藏印度护法神夜叉（Yakshi）像（图117）如出一辙。

| 图117 印度出土护法神夜叉雕像 |
Sculpture of a Guardian Yakshi excavated in India

14. 饮豪麻汁的斯基泰人（Scythians drinking Hauma）

南俄草原的斯基泰部落，希腊人称为"阿米尔吉亚人"（Amyrgians）。据古波斯王阿塔薛西斯二世的希腊御医克泰夏斯（Ctesias）《波斯志》记载，公元前547年，居鲁士大帝征服南俄草原的斯基泰人。随后斯基泰王阿莫尔吉斯派兵协助居鲁士大帝攻打吕底亚。古波斯碑铭称之为"饮豪麻汁的斯基泰人"（Sakā haumavargā）。克里米亚斯基泰古墓出土了一件饮豪麻汁的斯基泰人金饰件，现藏艾尔米塔什博物馆（图118）。库班河畔所立手持来通的斯基泰石人（现藏艾米尔塔什博物馆），或为饮豪麻汁的斯基泰人（图119）。张骞称之为"奄蔡人"，元代文献称之为"阿兰人"（Alans），也即北高加索奥塞梯人（Ossetes）的祖先。

| 图118 克里米亚古墓出土饮豪麻汁的斯基泰人金饰件，艾尔米塔什博物馆藏 |

A gold ornament depicting two Scythian warriors drinking Hauma (Sakā haumavargā) from a Scythian tomb in Crimea; kept in the Hermitage Museum, Sant Petersburg

| 图119 艾尔米塔什博物馆藏斯基泰石人 |

Stone sculpture of a Scythian man in the Hermitage Museum, Sant Petersburg

三、古波斯王陵墓30郡国武士

2014年7月，应俄罗斯科学院院士、俄罗斯科学院冶金研究所所长切尔内赫（E. N. Chernykh）邀请，我带北大研究生赴莫斯科和圣彼得堡考察博物馆，重点考察俄罗斯和中亚五国出土欧亚草原文化遗物。在圣彼得堡艾尔米塔什博物馆考察时，我们见到一组北高加索出土的古波斯楔形文字残碑，似为饮豪麻汁的斯基泰人在古波斯帝国缴获的战利品（图120）。

| 图120 北高加索出土古波斯楔形文字残碑，艾尔米塔什博物馆藏 |

Fragments of cuneiform inscription of Ancient Persian Empire from Northern Caucasia, Hermitage Museum, St. Petersburg

15. 尖帽斯基泰人（Scythians wearing the peaked cap）

尖帽斯基泰人，希罗多德称之为"萨凯人"（Sacans），古波斯碑铭称作 Sakā tigraxaudā，也即张骞所谓"塞人"。大流士一世墓尖帽斯基泰武士和古波斯帝国其他郡国武士浮雕皆有楔形文字古波斯、埃兰、巴比伦三语榜题（图121）。希罗多德《历史》记载："萨凯人或者说斯基泰人，下身穿着裤子，头戴一种尖顶而直挺的高帽子。他们带着他们本地自制的弓和短剑，还带着他们称为'萨迦利斯'（sagaris）的战斧。说实话，这些人属于阿米尔吉伊的斯基泰人，但是波斯人却称他们为萨凯人，因为波斯人把所有的斯基泰人都称为萨凯人"（希罗多德，2013年，第485页）。在塔吉克斯坦出土阿姆河宝藏中，有一个尖帽斯基泰武士浮雕金板，现藏大英博物馆（图212）。

哈萨克斯坦阿拉木图市与伊塞克之间塔勒迦尔发现斯基泰墓葬群，出土了大批金银器，年代在公元前4—前3世纪，今称"伊塞克金人墓"。此墓出土银碗底部刻有阿拉美文（图122）。由于缺乏双语材料，目前尚未解读。

阿拉美文是古波斯帝国民间文字，源于腓尼基文。亚述帝国时期，阿拉美文就在叙利亚北部广为传播。沙特阿拉伯西北地区出土过一块公元前5世纪阿拉美文祈祷 Salm 神石碑（图123A）。犍陀罗的佉卢文、印度的婆罗迷文、中亚粟特文都源于阿拉美文（图123B），而伊塞克金人墓出土银碗铭文则是阿拉美文传入中亚最早的证据。

| 图121 大流士一世墓尖帽斯基泰武士浮雕 |

A Scythian warrior identified by Trilingual inscription in the bas-relief carvings of the Darius I tomb

三、古波斯王陵墓 30 郡国武士

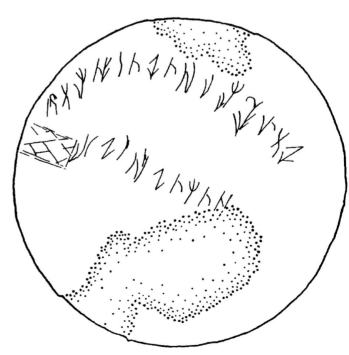

| 图 122 伊塞克金人墓出土银碗及其底部阿拉美文铭刻线图 |

Golden bowl with an inscription in Alamic, from the Issyk-kul Golden Man Tomb

115

| 图 123A 公元前 5 世纪阿拉美文祈祷 Salm 神石碑，沙特阿拉伯西北出土 |

A 5th century BC stele with an Aramaic dedication to the god Salm, found in Northwestern Arabia

| 图 123B 阿拉美文字母表 |

The table of Alameic alphabet

16. 巴比伦人（Babylonians）

美索不达米亚一词源于希腊语，意思是"两河流域"。美索不达米亚文明因发源于幼发拉底河与底格里斯河之间而得名，堪称人类历史上最古老的文明之一。美索不达米亚又分南北两部分，南方叫"巴比伦"，在今伊拉克；北方叫"亚述"，在今叙利亚，帝王谷薛西斯一世墓有巴比伦武士浮雕像（图124）。

图124 阿塔薛西斯二世墓巴比伦、亚述、阿拉伯、埃及武士浮雕（从左至右）
Detail of Babylonian, Assyrian, Arabian, Egyptian warriors（from the left to the right）from the bas-relief carvings of Artaxerxes II tomb

17. 亚述人（Assyrians）

亚述位于美索不达米亚北方，亦称"叙利亚"，帝王谷薛西斯一世墓有巴比伦武士浮雕像（图124）。伊拉克尼尼微西南宫殿遗址出土亚述石膏浮雕板，表现前方战士向头戴尖顶帽的亚述官员献俘后获赠手镯。古波斯宫廷聘请了许多亚述谋士，如意大利那不勒斯国家考古博物馆藏大流士瓶，绘有《大流士大帝与王子薛西斯纳谏图》，内容为亚述谋士给大流士和薛西斯王子讲解治国安邦术（图125A-C）。

图125A 大流士瓶《大流士大帝与王子薛西斯纳谏图》，那不勒斯考古博物馆藏
Darius the Great and Prince Xerxes receiving the admonitions of an Assyrian politician, on the Darius Vase, ca. 340-320 BC. Naples Achaeological Museum

三、古波斯王陵墓 30 郡国武士

| 图 125B 大流士瓶《大流士大帝与王子薛西斯纳谏图》局部特写 |

Detail of Darius the Great and Prince Xerxes receiving the admonitions
of an Assyrian politician, on the Darius Vase

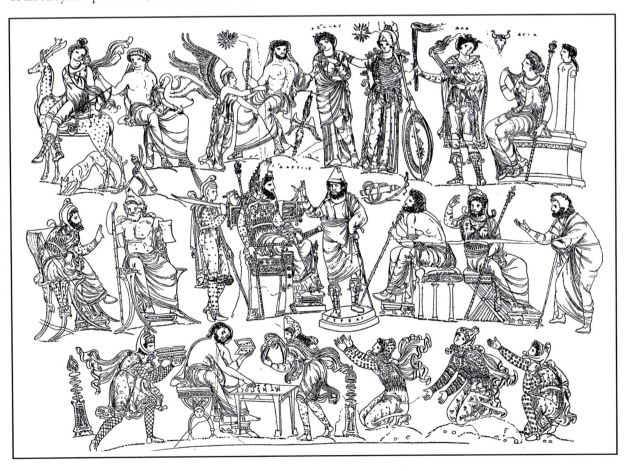

| 图 125C 大流士瓶《大流士大帝与王子薛西斯纳谏图》线图 |

Line drawing of Darius the Great and Prince Xerxes receiving the admonitions
of an Assyrian politician, on the Darius Vase

18. 阿拉伯人（Arabians）

阿拉伯人分布于尼罗河三角洲与美索不达米亚之间（图124），阿拉伯王似乎支持大流士一世篡位，因此，贝希斯敦铭文中的叛王没有阿拉伯王。阿拉伯人不认为自己是古波斯帝国的郡国之一，但每年他们必须向波斯王交纳1000塔兰特乳香。每当波斯军队入侵埃及时，他们还要提供装水的皮囊，帮助波斯人穿越沙漠。第二次希波战争期间，阿拉伯人曾经派军队帮助波斯人攻打希腊人。

19. 埃及人（Egyptians）

冈比西斯二世征服埃及后，埃及被划入了古波斯帝国穆德拉亚（Mudraya）郡国，与腓尼基和塞浦路斯一起成为古波斯帝国第6税区，首府在孟斐斯。薛西斯一世墓埃及武士浮雕头部风化严重，不过，阿塔薛西斯二世墓埃及武士头像浮雕保持尚好，一展埃及武士的音容笑貌（图126）。

图126 阿塔薛西斯二世墓埃及、亚美尼亚、卡帕多西亚、吕底亚武士浮雕（从左至右）
Detail showing warriors from Egypt, Armenia, Cappadocia, Lydia in the bas-relief carvings the Tomb of Artaxerxes II（from the left to the right）

20. 亚美尼亚人（Armenians）

亚美尼亚在历史上以乌拉尔图王国闻名于世，在今土耳其东部和伊朗西北部，首府在图斯帕（Tushpa）。公元前7世纪，乌拉尔图王国灭于米底王国。居鲁士二世推翻米底王国后，亚美尼亚成为古波斯帝国郡国之一（图126）。贝希斯敦铭文第九个俘虏阿拉哈（Arakha）谎称自己是巴比伦王后裔，实际上是亚美尼亚叛王。泽维耶宝藏有一个乌拉尔图武士浮雕金饰片，一展亚美尼亚祖先容貌，现藏于大英博物馆（图127-128）。

| 图127 泽维耶宝藏乌拉尔图武士浮雕金饰片 |

Gold plaque embossed with an Urartu warrior, from the Rozewie Hoard

| 图128 泽维耶宝藏乌拉尔图武士浮雕金饰片 |

Gold plate showing an Urartu warrior from the Rozewie Hoard

21. 卡帕多西亚人（Cappadocians）

卡帕多西亚是公元前8世纪以来驰骋欧亚草原的游牧民族——辛梅里安人（Cimmerians）的最后定居地，在今土耳其东北陶鲁斯山与幼发拉底河之间。公元前705年，辛梅里安人被萨尔贡二世率领的亚述大军击败，亡命小亚细亚。公元前696年，辛梅里安人入侵弗里吉亚；公元前652年，攻占吕底亚首都萨迪斯。公元前619年，辛梅里安人被吕底亚王阿里亚特斯（Alyattes）击败后，退缩到小亚细亚东北卡帕多西亚（罗斯托夫采夫，2018年，第38-39页）。显然，贝希斯敦铭文提到的古波斯帝国23个郡国中卡帕多西亚人就是辛梅里安人。据希罗多德《历史》记载，卡帕多西亚和弗里吉亚等地属于古波斯帝国第3税区，每年纳贡360塔兰特白银（图126，希罗多德，2013年，第236页）。

22. 吕底亚人（Lydians）

公元前547年，居鲁士大帝武力征服小亚细亚西部，强盛一时的吕底亚王国成为古波斯帝国的郡国（图126）。古波斯碑铭称之为"斯巴达"（Sparda），首府在萨迪斯（Sardis）。古波斯帝国御道终点就在萨迪斯城。吕底亚国王发行了世界上最早的金币，古波斯帝国的金币模仿的就是吕底亚狮币（图027:1）。

23. 爱奥尼亚人（Ionians）

古波斯碑铭将希腊半岛北部居民称作"马其顿人"，并将希腊半岛南部和小亚细亚西南部居民称作"爱奥尼亚人"（图129）。小亚细亚西南部卡里亚人亦为古希腊人。希罗多德就生于卡里亚海滨城市（图140），用爱奥尼亚方言撰写了他的名作《历史》。

| 图129 薛西斯一世墓爱奥尼亚武士浮雕 |

Detail of an Ionian Warrior in the bas-relief from the Tomb of Xerxes I

24. 海滨斯基泰人（Oversea Scythians）

海滨斯基泰人在今黑海北岸克里米亚和乌克兰草原。克里米亚半岛库勒·奥巴（Kul Oba）公元前4世纪古墓出土过一件斯基泰武士浮雕金壶和金饰件（图131-132），而浮雕中斯基泰武士头戴波斯风帽（Bashlik），与阿塔薛西斯二世墓浮雕海滨斯基泰武士（图130）如出一辙。

25. 色雷斯人（Thracians）

色雷斯人，古波斯碑铭称之为Skudra（斯库德拉），包括希腊北部（西色雷斯）、保加利亚南部（北色雷斯）和土耳其的欧洲部分（东色雷斯），毗邻黑海北岸的海滨斯基泰人（图130）。公元前512年，大流士征服色雷斯和海滨斯基泰部落后，两地成为古波斯帝国郡国之一，故色雷斯人头戴波斯风帽。古波斯帝国统治下的亚洲古希腊人往往头戴波斯风帽，如小亚细亚出土吕底亚金币（约公元前440—前410年）上的吕底亚王浮雕，就头戴波斯风帽（图027：1）。北色雷斯（今保加利亚黑海西岸）可谓世界黄金艺术的发源地，肇源于公元前4000年铜石并用时代的瓦尔纳宝藏（Varna Treasure），而帕纳具里施特宝藏（Panagyurishte Treasure）则为古波斯帝国时期色雷斯黄金艺术的代表（图133-134）。

图130 阿塔薛西斯二世墓海滨斯基泰、色雷斯、马其顿武士浮雕（从左至右）
Detail of Warriors from Oversea Scythia, Thrace and Macedonia (from the left to the right) from the Tomb of Artaxerxes II

|图 131 库勒·奥巴古墓出土海滨斯基泰人物金饰件，艾尔米塔什博物馆藏|
Gold ornament of an Oversea Scythian horseman, unearthed from the Kule-Oba Tomb, now in the Hermitage Museum Collection

|图 132 库勒·奥巴古墓出土海滨斯基泰人物金壶，艾尔米塔什博物馆藏|
Gold vessel showing Oversea Scythian warriors, unearthed from the Kule-Oba Tomb, now in the Hermitage Museum Collection

三、古波斯王陵墓30郡国武士

|图133 色雷斯金壶,帕纳具里施特宝藏,公元前4世纪|
Thracian golden pot, Panagyurishte Treasure, ca.400 BC

|图134 色雷斯金壶,帕纳具里施特宝藏,公元前4世纪|
Thracian golden pot, Panagyurishte Treasure, ca.400 BC

26. 马其顿人（Macedonians）

公元前 492 年，薛西斯一世麾下波斯大将马尔多尼乌斯（Mardonius）攻陷马其顿王国。于是，马其顿一度成为古波斯帝国附庸国。古波斯帝国统治下的马其顿人，头戴波斯风帽（bashlik），如阿塔薛西斯二世墓浮雕和古希腊红陶器图案的马其顿武士就头戴波斯风帽（图 130 和 135）。

图 135 红彩陶器古希腊英雄阿喀琉斯像，卢浮宫藏
Detail of a red figure greek pot showing Achilles. Louvre, Paris

图 136 大流士二世墓利比亚、努比亚、卡里亚武士浮雕（从左至右）
Deatil of warriors from Libya, Nubia and Karia in the bas-relief carvings of the Tomb of Darius Ⅱ (from the left to the right)

27. 利比亚人（Lybians）

冈比西斯二世兴兵远征埃及时，利比亚国王支持波斯人。苏萨出土的大流士一世碑铭提到利比亚为古波斯帝国的附庸国。据希罗多德记载，利比亚与昔兰尼同属于古波斯帝国第 6 税区。昔兰尼（Cyrene）为古希腊人在利比亚所建殖民地（图 136，希罗多德，2013 年，第 236 页）。

28. 努比亚人（Nubians）

古波斯碑铭称努比亚为"古实"（Kush），在今苏丹（图 136），而非许多研究者认为的埃塞俄比亚。波斯军队从来没有占领过埃塞俄比亚。据柏林博物馆藏纳帕塔铭文（Napata inscription）记载，努比亚国王纳斯塔森宣称：他击败了波斯王冈比西斯二世的部队，并缴获了他所有船只（H. Schafer, 1901）。殊不知，纳斯塔森生平时代要比冈比西斯二世晚得多。波斯人征服古实王国在大流士一世时期。苏萨出土大流士一世碑铭提到古波斯郡国有努比亚（即古实王国）。苏丹阿蒙大庙（Great Temple of Amen）出土了一尊古实王国法老阿司匹勒塔头像，一展公元前 6 世纪古实人的音容笑貌，现藏美国波士顿美术馆（图 138）。

图 137 阿塔薛西斯三世墓浮雕马卡武士（右边）
Detail of warrior from Maka (on the right) in the bas-reliefs of the Tomb of Artaxerxes III

图 138 古实（努比亚）王国法老阿司匹勒塔头像
Head of Pharaoh Aspalta of the Kingdom of Kush (Nubia)

29. 马卡人（Maka People）

阿塔薛西斯三世墓浮雕马卡人（图137），美索不达米亚楔形文字称之为"马干"；古希腊人称为"格德罗西亚"（Gedrosia）。公元前3千纪到前2千纪中叶楔形文字泥版常提到两河流域对外贸易。其中三个相提并论的地名有第尔蒙（Dilmun）、马干（Makan）和抹露哈（Meluhha），而且顺序总是第尔蒙、马干、抹露哈（或抹露哈、马干、第尔蒙）。这反映了三者与两河流域距离的远近。巴比伦商人与第尔蒙直接交往最多，大概是最近的贸易点，学界认为即波斯湾巴林岛。巴林出土古印度河文明蚀花肉红石髓珠项链有助于证明这一点。第二个贸易点"马干"即古波斯碑铭所谓"马卡"，在今伊朗和巴基斯坦交界地带（刘欣如，1987年，第14页）。

图139 薛西斯一世墓的努比亚、卡里亚武士浮雕（从左至右）
Detail of warriors from Nubia and Caria (from the left to the right) in the bas-reliefs of the Tomb of Xerxes I

30. 卡里亚人（Carians）

卡里亚人是小亚细亚西南部古希腊居民。公元前6世纪中叶，居鲁士大帝入侵爱奥尼亚，开始向古希腊人征税。据希罗多德记载，卡里亚人与爱奥尼亚、吕底亚等地居民在第1税区（图139，希罗多德，2013年，第236页）。古波斯王阿塔薛西斯二世的御医克泰夏斯（Ctesias）就是卡里亚的希腊人。

希罗多德也是卡里亚人，生于卡里亚海滨城市哈利卡那苏斯（Halicarnassus），今土耳其博德鲁姆，实乃古波斯帝国统治下的希腊臣民（图140）。公元前443年，希罗多德移民到雅典人在意大利所建殖民城市图里伊（Thuri），故自称"图里伊人"。公元前425年，古波斯王阿塔薛西斯一世与希腊签订和约后，希罗多德得以在古波斯帝国各地旅行，用古希腊爱奥尼亚方言撰写他的不朽之作——《历史》。

图140 大都会艺术博物馆藏希罗多德大理石胸像
Bust of Herodotus. Metropolitan Museum of Art, New York

四、波斯波利斯百柱大厅 24 郡国武士

百柱大厅是波斯波利斯王宫觐见大厅，东邻热赫迈特山（图 141-142 和 145）。1933 年，芝加哥大学东方研究所德国建筑师克雷夫特在百柱大厅发现一个奠基石函，内藏两件大流士金册和几件银册，皆刻有内容相同的楔形文字三语（古波斯、埃兰和阿卡德语）铭文，大约埋藏于公元前 515 年（图 143-144）。其铭曰："大流士王说：我掌控的国度，从比粟特还远的尖帽斯基泰到古实（努比亚，今苏丹）；从印度（今巴基斯坦信德省）到斯帕尔达（吕底亚首府）。这是最伟大的神阿胡拉·玛兹达赐予我的。祈愿阿胡拉·玛兹达保佑我和我的皇宫！"

图 141 百柱大厅南门古波斯帝国 24 郡国武士浮雕

Bas-relief on the southern gate of the Hundred Columns, showing twenty four satrapy warriors from the Achaemenid Empire

图 142 波斯波利斯百柱大厅遗址
Ruin of the Hundred Columns, Persepolis

图 143 百柱大厅出土奠基金册之一，刻有大流士一世楔形文字三语铭文

The first of the two gold foundation tablets, with a trilingual inscription of Darius I, unearthed in the Hundred Columns

图 144 百柱大厅出土两件大流士一世奠基金册之一，刻有内容相同的三语铭文

The second of the two gold foundation tablets unearthed in the Hundred Columns. Both had the same trilingual inscription (DPh inscription)

四、波斯波利斯百柱大厅 24 郡国武士

图 145 百柱大厅南门 24 国武士浮雕
Twenty four satrapy warriors on bas-relief on the southern gate of the Hundred Columns

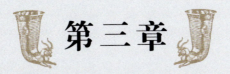

第三章

第三章　古波斯帝国的四方贡使
III. Tributes from the different satrapies of the Achaemenid Empire

一、波斯波利斯金库与阿巴达纳王宫东踏道的米底使团

波斯波利斯遗址位于伊朗设拉子市东北 52 公里塔赫特贾姆希德附近扎格罗斯山间盆地中，东面依热赫马特山（图 146），有古波斯王宫和帝王陵墓，始建于大流士一世时期。德裔美国考古学家施密特（E. F. Schmidt）在考古报告中将波斯波利斯建筑分类作：A. 入口大踏道（Grand Stairway of Entrance，图 147-148）、B. 万国之门（Gate of All Nations）、C. 阿巴达纳宫（Apadana）、D. 塔赫拉宫（Tachara）、E. 哈迪失宫（Hadish）、F. 三宫门大厅（Tripylon）、G. 百柱大厅（Hundred Columns）、H. 金库（Treasury，图 149-152）、后宫（Harem，现为博物馆）、车库和马厩等（波斯波利斯万国之门与王宫遗址全景图，第 388-394 页）。阿巴达纳和塔赫拉王宫为大流士一世所建，其余则为薛西斯一世、阿塔薛西斯二世和阿塔薛西斯三世所建（E. F. Schmidt, 1970）。

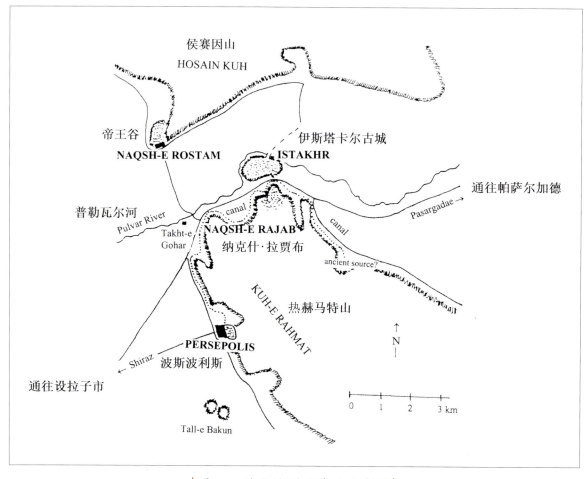

图 146　波斯波利斯遗址分布图

Map of the sites in Persepolis (After Heidemarie Koch, 2015, p.4)

图 147 波斯波利斯王宫入口
Painting of the entrance to the palace of Persepolis

图 148 波斯波利斯王宫入口大踏道
The grand stairway of the entrance to the palace of Persepolis

| 图 149 波斯波利斯王宫金库 |

The treasury of the palace of Persepolis

| 图 150 波斯波利斯金库出土青铜三狮像，伊朗国家考古博物馆藏 |

Bronze statue of three lions from the Treasury of Persepolis, National Archaeological Museum of Iran, Tehran

大流士一世明确规定了波斯帝国各郡国贡赋数额,每省均须向中央交纳一定数额的金银和实物。具体数额为:小亚细亚四省每年交纳1760塔兰特,埃及省交纳银700塔兰特,巴比伦—亚述省交纳银100塔兰特,印度省交纳砂金约值48604塔兰特,而波斯省免税。波斯帝国各郡国贡赋,根据各省资源而定,统一输交国库,每省除交纳一定数量的现金外,还有各种土贡,如谷物、家畜等,以供宫廷的需要和各地驻军及远征军的军需。埃及每年要给孟斐斯的波斯驻军供应谷物,而巴比伦省供应宫廷和帝国军队全年所需粮食的三分之一。

| 图151 波斯波利斯金库所出埃及法老青铜像,波斯波利斯博物馆藏

Two bronze statues of an Egyptian Pharaoh from the Treasury of Persepolis. Museum of Persepolis

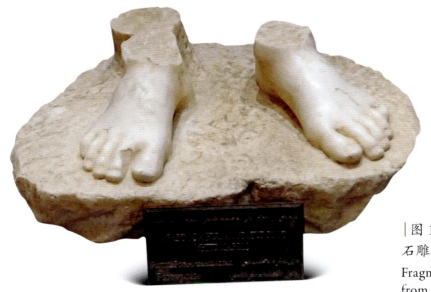

| 图152 波斯波利斯金库所出古典艺术石雕残片,波斯波利斯博物馆藏

Fragment of a Greco-roman stone sculpture from the Treasury of Persepolis. Museum of Persepolis

第三章　古波斯帝国的四方贡使

　　波斯宫廷侍从往往是波斯人或埃兰人，而宫女则为米底人。如波斯波利斯金库浮雕大流士宫廷的宫女（图158）、三宫门大厅门道浮雕的波斯侍从（图153）。

| 图153　三宫门大厅大门浮雕波斯王与波斯侍从浮雕 |

Bas-relief on the gate of the Tryplon Hall, depicting a Persian king and two Persian attendants

一、波斯波利斯金库与阿巴达纳王宫东踏道的米底使团

| 图 154 阿巴达纳王宫东踏道浮雕米底人进贡米底马夫和波斯王宝座 |

Section of the bas-relief from the eastern stairway of the Apadana, depicting a Median delegation bringing tribute. Median groom on the right and a Median carrying a throne for the Persian King

第三章 古波斯帝国的四方贡使

| 图 155 德黑兰礼萨·阿巴斯博物馆藏古波斯金杯 |

A golden bucket, Achaemenid period, ca. 500-300 BC. Reza Abbassi Museum, Tehran

| 图 156 大流士与薛西斯纳贡浮雕所见波斯侍从所持弦纹银桶——亚美尼亚祖先提梁银桶 |

Silver bucket of Arminian ancestors, as seen in the bas-relief of the Darius the Great and Prince Xerxes receiving a Median tribute bearer

一、波斯波利斯金库与阿巴达纳王宫东踏道的米底使团

波斯波利斯王宫金库浮雕大流士和王子薛西斯接见米底贡使，薛西斯头像残损（图158）。不过，伊朗国家考古博物馆藏有类似的浮雕，薛西斯头像保存完好（图329）。波斯波利斯金库浮雕波斯侍从手持提梁银桶（图157），其艺术造型与亚美尼亚祖先的提梁银桶（图156）和德黑兰礼萨·阿巴斯博物馆藏古波斯金杯（图155）如出一辙。

| 图157 波斯波利斯金库浮雕波斯侍从手持提梁银桶 |
Detail of a bas-relief from Treasury of Persepolis, depicting a Persian servant holding a coiled bucket

| 图158 波斯波利斯金库浮雕大流士和王子薛西斯接见米底贡使 |
Bas-relief in the Treasury of Persepolis, depicting Darius the Great and Prince Xerxes receiving a Median tribute bearer

143

第三章 古波斯帝国的四方贡使

家马起源于乌克兰草原和哈萨克草原,米坦尼王国的印欧人最先将家马传入埃及和两河流域,波斯波利斯的阿巴达王宫浮雕有米底贡使觐献战马图,一展波斯战马的风采(图154和159)。公元前2世纪,李广利伐大宛,将中亚汗血马引入长安。土库曼斯坦出土过一件古波斯泥塑马头,一展中亚汗血马的风采(图160)。阿拉伯帝国兴起后,波斯热血马才传入阿拉伯半岛,年代不早于公元7世纪。如今世界各地赛马会的赛马全是阿拉伯热血马。

| 图159 阿巴达纳王宫东踏道浮雕米底贡使觐献战马 |
Detail of Medians bring horses as tribute, Eastern Stairway, Apadana

一、波斯波利斯金库与阿巴达纳王宫东踏道的米底使团

| 图160 土库曼斯坦出土古波斯泥塑马头,公元前4世纪—前2世纪,莫斯科国立东方艺术博物馆 |

An Achaemenid statue of horse head, kept in National Oriental Art Museum, Moscow (S. B. Bolelov et al. 2013, p.35)

145

二、阿巴达纳王宫东踏道 23 郡国贡使

波斯波利斯阿巴达纳王宫 23 郡国贡使浮雕，生动再现了波斯帝国各地称臣纳贡的场景，如今用防雨棚加以保护（图 161）。

1970 年，调查发掘者施密特（E. F. Schmidt）对阿巴达纳王宫 23 郡国贡使做了初步辨识（E. F. Schmidt, 2006）。2006 年，德国艺术史家海德玛丽·科赫（Heidemarie Koch）做了进一步考证：4. 雅利安更正为帕提亚，7. 阿拉霍西亚更正为雅利安，8. 西里西亚更正为叙利亚，13. 帕提亚更正为巴克特里亚，14. 犍陀罗更正为萨塔吉迪亚与犍陀罗，15. 巴克特里亚更正为疾陵与阿拉霍西亚，21. 疾陵更正为卡里亚（Heidemarie Koch, 2011, pp.50-71）。本书对阿巴达纳 23 郡国贡使的辨识依据这两位学者的研究成果，只是将 23. 埃塞俄比亚更正为努比亚（图 165）。

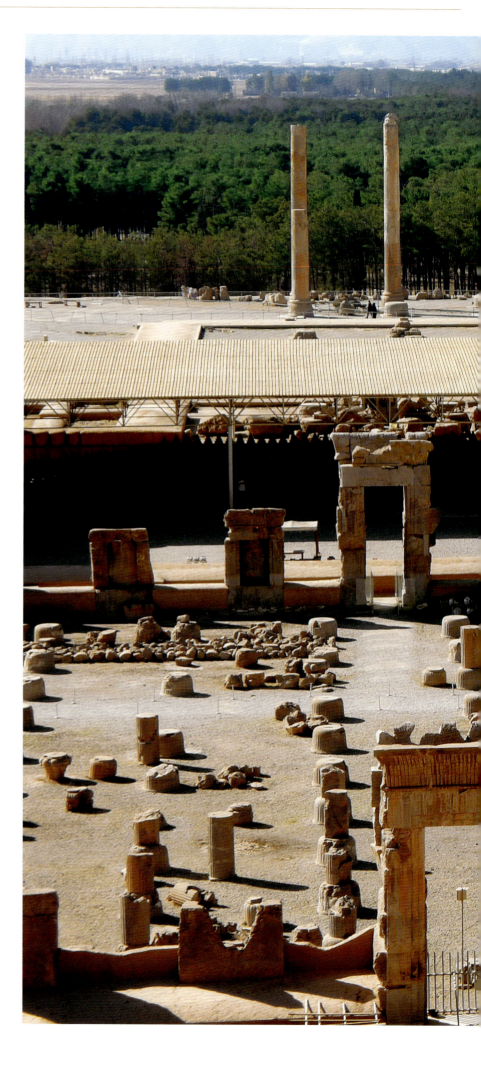

图 161 波斯波利斯阿巴达纳王宫东踏道
Eastern stairway of the Apadana, Persepolis

二、阿巴达纳王宫东踏道 23 郡国贡使

第三章 古波斯帝国的四方贡使

1. 米底贡使

米底人是最早在伊朗高原地区定居的印欧语系古部落之一。亚述帝国兴起后，试图征服米底人，促使米底各部落走向联合，从而形成了米底国家。古波斯与米底关系密切，古波斯帝国的创立者居鲁士大帝的母亲是一位米底公主。波斯王的马夫和国王宝座皆来自米底（图154）。米底贡使头戴风帽（bashlik），与伊拉克苏莱曼尼亚米底国王基亚克萨雷斯崖墓米底麻葛师浮雕如出一辙。波斯波利斯王宫阿巴达纳东踏道浮雕米底使团由波斯卫兵引导，其贡品有金银器、短剑、手镯、亚麻布料和裤子（图167-168）。泽维耶宝藏和苏萨王宫遗址出土双兽头金手镯（图163-164），与米底贡使觐献的金手镯相似。米底贡使觐献的金壶，与香港收藏家所藏双羊柄金壶（图162、166）器型相同，生动再现了古波斯帝国皇家艺术风范。

图 162 阿巴达纳王宫东踏道浮雕戴风帽的米底贡使特写
Detail of two Median tribute bearers, Eastern Stairway, Apadana

二、阿巴达纳王宫东踏道 23 郡国贡使

　　镶嵌宝石的双兽头金手镯最早见于泽维耶宝藏（图 163），与苏萨出土双兽头金手镯（图 164）如出一辙。苏萨出土大流士楔形文字碑铭说："那些制造金器的金匠是米底人和埃兰人。"据考古调查，泽维耶宝藏属于亚美尼亚人祖先乌拉尔图人，本为乌拉尔图王子墓随葬品。由此推测，米底金银器手工艺传统可能源于乌拉尔图金银器工艺。

| 图 163 泽维耶出土双狮头手镯，纽约大都会艺术博物馆藏 |

Golden bracelet with two lion heads from Ziwiye, The Metropolitan Museum of Art, New York

| 图 164 苏萨出土镶嵌波斯松石双狮头手镯，卢浮宫藏 |

Bracelet (one of a pair) with two lion heads from Susa, Acropolis, Gold, lapis-lazuli, turquoise, mother-of-pearl. ca. 350 BCE. Musée du Louvre, Paris

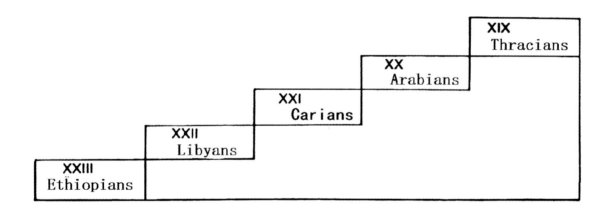

| 图165 阿巴达纳王宫东踏道 23 郡国贡使浮雕图序 |

Order of the delegations from the 23 satrapies, on the bas-relief carvings of the eastern stairway of the Apadana

图 166 古波斯双羊柄金壶（香港私人藏品），口径 14.5 厘米，通高 25 厘米，重量 1482 克
H. 25cm, Opening Diam.14.5cm, Weight. 1482g. Gold Persian ewer with two sheep handles with handles in the form of lions. Private collection in Hong Kong

| 图 167 阿巴达纳王宫东踏道浮雕米底人进贡银壶、银杯、短剑、手镯、长袍和裤子 |

Bas-relief from the eastern stairway of the Apadana, showing a Median delegation bringing a silver ewer, silver cups, sword, bracelets, trousers and robes as tribute

二、阿巴达纳王宫东踏道 23 郡国贡使

第三章 古波斯帝国的四方贡使

图 168 阿巴达纳王宫东踏道浮雕波斯卫兵引导米底贡使
Line drawing of the bas-relief from the eastern stairway of the Apadana, showing a Persian warrior leading a Medians delegation

二、阿巴达纳王宫东踏道 23 郡国贡使

第三章　古波斯帝国的四方贡使

| 图 169 阿巴达纳王宫东踏道浮雕埃兰贡使进贡皇家马车 |

Bas-relief from the eastern stairway of the Apadana, showing the Elamite delegation bringing royal chariots as tribute

二、阿巴达纳王宫东踏道 23 郡国贡使

|图 170 阿姆河宝藏米底马夫驾驭皇家马车，大英博物馆藏|
Gold ornament in the form of a royal chariot driven by two Median grooms, from the Oxus treasure. British Museum

2. 埃兰贡使

波斯波利斯王宫阿巴达纳东踏道浮雕埃兰使团由波斯卫兵引导，其贡品有狮子、短剑和弓箭（图171-173）。

图171 阿巴达纳王宫东踏道浮雕埃兰贡使特写
Detail of two Elamite tribute bearers, Eastern Stairway, Apadana

二、阿巴达纳王宫东踏道 23 郡国贡使

| 图 172 阿巴达纳王宫东踏道浮雕埃兰人进贡双弓、双短剑、母狮子和幼狮 |

Bas-relief from the eastern stairway of the Apadana, showing the Elamite delegation bringing two bows, two swords, a lioness and two lion cubs as tribute

二、阿巴达纳王宫东踏道 23 郡国贡使

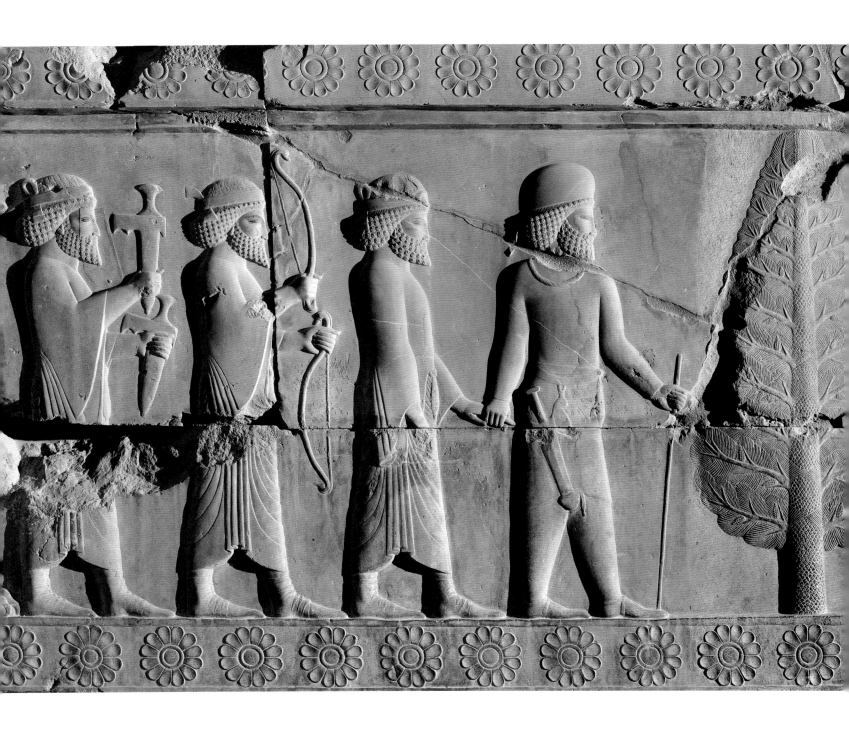

第三章　古波斯帝国的四方贡使

| 图 173　阿巴达纳王宫东踏道浮雕米底卫兵引导一队埃兰贡使 |
Line drawing of the bas-relief from the eastern stairway of the Apadana, showing a Persian warrior leading a Elamite delegation

二、阿巴达纳王宫东踏道 23 郡国贡使

3. 亚美尼亚贡使

土耳其东境凡湖城堡（Van Fortress）最初为乌拉尔图（Urartu）王国都城，后来成为米底王国亚美尼亚省首府。波斯波利斯阿巴达纳东踏道有一组亚美尼亚贡使像，由波斯卫兵引导，其贡品有战马、双兽耳金罐（图174-176）。居鲁士二世征服米底之后，凡湖城成为波斯帝国亚美尼亚郡国首府。薛西斯一世在凡湖城堡崖壁上刻有楔形文字纪功碑（图029-030）。

| 图174 阿巴达纳王宫东踏道浮雕波斯卫兵引导一队亚美尼亚贡使 |
Bas-relief from the eastern stairway of the Apadana, showing a Perisian warrior leading a Armenian delegation

二、阿巴达纳王宫东踏道 23 郡国贡使

| 图175 阿巴达纳王宫东踏道浮雕波斯卫兵引导一队亚美尼亚贡使（线描图） |
Line drawing of the bas-relief from the eastern stairway of the Apadana, showing a Perisian warrior leading the Armenian tribute

第三章 古波斯帝国的四方贡使

阿巴达纳王国东踏道亚美尼亚使团进贡战马和金银器，所贡双翼神兽耳银壶与黑海北岸出土古波斯时期亚美尼亚双羊耳银壶如出一辙（图176-177）。乌拉尔图王国有发达的金银器工艺，亚美尼亚金银器工艺传承的是乌拉尔图王国工艺传统，如大英博物馆藏土耳其东北部埃尔津詹出土亚美尼亚山羊形银来通（图178）和香港收藏家所藏古波斯双兽耳金壶（图166）。

| 图 176 阿巴达纳王宫东踏道浮雕亚美尼亚贡使特写 |

Detail of an Armenian tribute bearer, Eastern Stairway, Apadana

二、阿巴达纳王宫东踏道 23 郡国贡使

| 图 177 黑海北岸出土亚美尼亚双羊耳银壶 |

Armenian double eared silver vessel with handles in the form of sheep. Unearthed on the northern coast of the Black Sea

| 图 178 土耳其东北部出土亚美尼亚山羊形银来通，大英博物馆 |

Silver rhyton excavated from north eastern Turkey, held in British Museum

4. 帕提亚贡使

波斯波利斯王宫阿巴达纳东踏道浮雕的帕提亚使团男贡使头戴风帽，女贡使头戴盖头（Hijab）；由波斯卫兵引导，进贡金银器、双峰驼和狮子皮（图 179-181）。不过，有的帕提亚男贡使也戴盖头，如哈迪失王宫帕提亚使团浮雕就有戴盖头的男贡使（图 182）。

| 图 179 阿巴达纳王宫东踏道浮雕波斯卫兵引领一队帕提亚贡使 |
Bas-relief from the eastern stairway of the Apadana, showing a Persian warrior leading a Parthian delegation

二、阿巴达纳王宫东踏道 23 郡国贡使

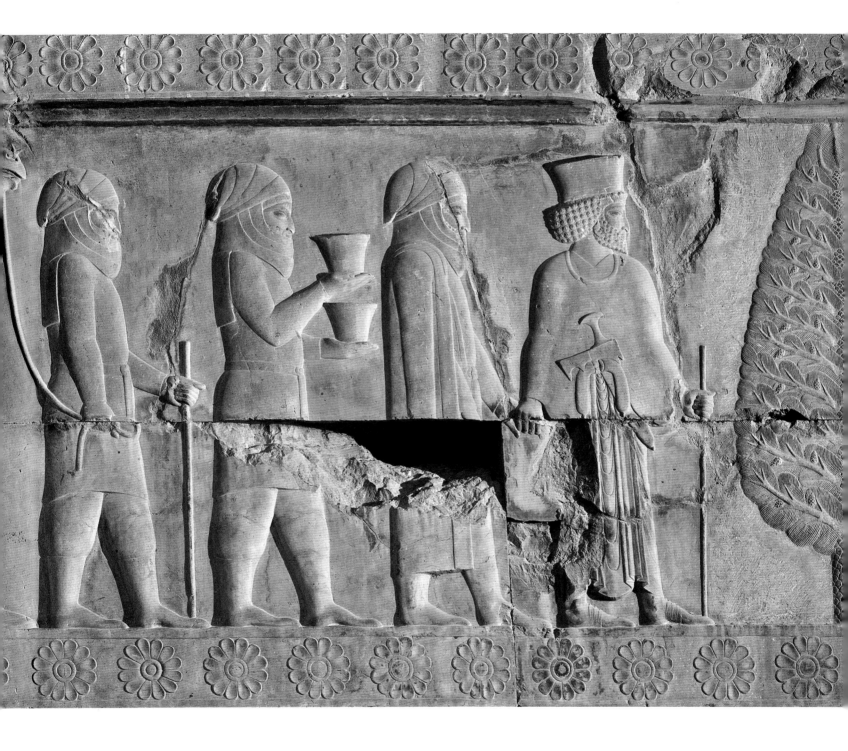

第三章 古波斯帝国的四方贡使

图180 阿巴达纳王宫东踏道浮雕帕提亚人进贡银杯、双峰驼和狮子皮
Line drawing of the bas-relief from the eastern stairway of the Apadana, showing the Parthian delegation bringing two silver cups, a Bactrian camel and a lion skin as tribute

二、阿巴达纳王宫东踏道 23 郡国贡使

图181 阿巴达纳王宫东踏道浮雕身披狮子皮的帕提亚贡使特写
Detail of a Parthian tribute bearer wearing lion skin, Eastern Stairway, Apadana

图182 哈迪失王宫东踏道浮雕戴盖头的帕提亚男贡使
Detail showing a member of the Parthian delegation wearing a headscarf, Eastern Stairway, Hadish Palace

二、阿巴达纳王宫东踏道 23 郡国贡使

中国皇帝穿龙袍，而古波斯王、古希腊王则模仿希腊神话大力神赫拉克勒斯身穿狮子皮。大英博物馆有希腊神话大力神赫拉克勒斯身披狮子皮金像（图184），而雅典卫城博物馆藏古希腊银币亚历山大大帝浮雕像，就身披狮子皮（图183）。

| 图183 希腊银币披狮子皮的亚历山大浮雕像 |

Greek silver coin. Recto shows Alexander wearing a lionskin

| 图184 希腊神话大力神赫拉克勒斯身披狮子皮金像，大英博物馆藏 |

Golden statue of Heracles, depicted wearing a lionskin, British Museum

5. 巴比伦贡使

波斯波利斯王宫阿巴达纳东踏道浮雕的巴比伦使团由米底卫兵引导，其贡品为玻璃器（或金银器）、羊毛地毯和瘤牛（图 186-188）。类似的羊毛地毯亦见于亚述王宫遗址出土的巴尼帕尔时期（668-631 BC）羊毛地毯石雕（图 185）。在古波斯所征服的各民族当中，有三个民族桀骜不驯，即巴比伦人、埃及人和爱奥尼亚人。公元前 522 年和前 448 年，巴比伦两次爆发起义，皆被波斯人残酷镇压，因为巴比伦不仅是波斯帝国的粮仓和工厂，而且是帝国内陆交通网上的重要枢纽。据文献记载，不幸的巴比伦人每年还要向古波斯宫廷进贡 100 名阉童。

| 图 185　尼姆鲁宫殿遗址出土亚述浮雕羊毛地毯，大英博物馆藏 |

Bas-relief carving of a carpet unearthed at Nimru Palace site, held in the British Museum

二、阿巴达纳王宫东踏道 23 郡国贡使

图 186 阿巴达纳王宫东踏道巴比伦使团特写
Detail of two Babylonian tribute bearers, Eastern Stairway, Apadana

| 图 187 阿巴达纳王宫东踏道浮雕巴比伦人进贡玻璃器或金银器、地毯和瘤牛 |

The bas-relief from the eastern stairway of the Apadana, showing the Babylonians bring four glass or silver cups, a zebu and a carpet as tribute

二、阿巴达纳王宫东踏道 23 郡国贡使

第三章 古波斯帝国的四方贡使

| 图188 阿巴达纳王宫东踏道浮雕米底卫兵引领巴比伦贡使线图 |
Line drawing of the bas-relief from the eastern stairway of the Apadana, showing a Median warrior leading a Babylonian delegation

二、阿巴达纳王宫东踏道 23 郡国贡使

图189 阿巴达纳王宫东踏道浮雕吕底亚人进贡金银器、手镯和马车
Bas-relief from the eastern stairway of the Apadana, showing a Lydian delegation bringing gold and silver wares, bracelets and a chariot as tribute

6. 吕底亚贡使

阿巴达纳王宫东踏道吕底亚人使团由波斯卫兵引导，其贡品为金银器、双轮单辕马车（图189-191）。吕底亚贡使觐献的双狮头手镯与土耳其乌沙克考古博物馆藏双狮头金手镯相似（图192-193）。保加利亚索菲亚博物馆和美国盖提博物馆藏吕底亚双神兽安弗拉银罐（图194-195），与阿巴达纳王宫东踏道浮雕吕底亚贡品相似（图190）。伊斯坦布尔考古博物馆藏吕底亚双轮马车石浮雕（图326），与阿巴达纳王宫东踏道浮雕吕底亚马车如出一辙。

| 图190 阿巴达纳王宫东踏道浮雕吕底亚贡使特写 |
Detail of a Lydian tribute bearer, Eastern Stairway, Apadana

二、阿巴达纳王宫东踏道 23 郡国贡使

二、阿巴达纳王宫东踏道 23 郡国贡使

二、阿巴达纳王宫东踏道 23 郡国贡使

| 图 191 阿巴达纳王宫东踏道浮雕波斯卫兵引领一队吕底亚贡使 |

Line drawing of the bas-relief from the eastern stairway of the Apadana, showing a Persian warrior leading a Lydian delegation

| 图 192 吕底亚双狮头金手镯，土耳其乌沙克考古博物馆藏 |
Gold Lydian bracelet held in the Ushak Archaeological Museum, Turkey

| 图 193 阿巴达纳王宫东踏道吕底亚贡使觐献的双狮头手镯 |
Bas-relief carving of the gold Lydian bracelet, Eastern Stairway, Apadana

二、阿巴达纳王宫东踏道 23 郡国贡使

图 194 索菲亚博物馆藏吕底亚双神兽安弗拉罐
Lydian amphora with handles in the form of mythical beasts, Sophia Museum

图 195 美国盖提博物馆藏吕底亚双神兽安弗拉罐
Lydian amphora with handles in the form of mythical creatures, held by the Getty Foundation

7. 雅利安贡使

雅利安人与米底人族源相近。希罗多德《历史》记载:"在古时候,所有的人都把这些米底人称为阿里亚人(即雅利安人),但是自从科尔基斯人米底娅从雅典来到阿里亚人这里以后,他们就更换了他们的名字。这是米底人自己关于他们本族的说法"(希罗多德,2013年,第484页)。波斯波利斯王宫阿巴达纳东踏道浮雕的雅利安男女贡使,皆戴盖头(阿拉伯语"盖头",男士用Kafir,女士用Hijab),由米底卫兵引导,其贡品为金银器、双峰驼和狮子皮(图196-198)。雅利安首府在阿富汗

图196 阿巴达纳王宫东踏道雅利安人进贡银杯、骆驼和狮子皮
Bas-relief from the eastern stairway of the Apadana, showing an Aryan delegation bringing two silver cups, a camel and a lion skin as tribute

二、阿巴达纳王宫东踏道 23 郡国贡使

西境赫拉特,希腊远征军在此地建有亚历山大城,汉代史书称为"乌弋山离"。《汉书·西域传》记载:"乌弋地暑热莽平,其草木、畜产、五谷、果菜、食饮、宫室、市列、钱货、兵器、金珠之属皆与罽宾同,而有桃拔、师(狮)子、犀牛。俗重妄杀。其钱独文为人头,幕为骑马。以金银饰杖。绝远,汉使希至。自玉门、阳关出南道,历鄯善而南行,至乌弋山离,南道极矣。转北而东得安息"(班固,中华书局,1962 年,第 3889 页)。

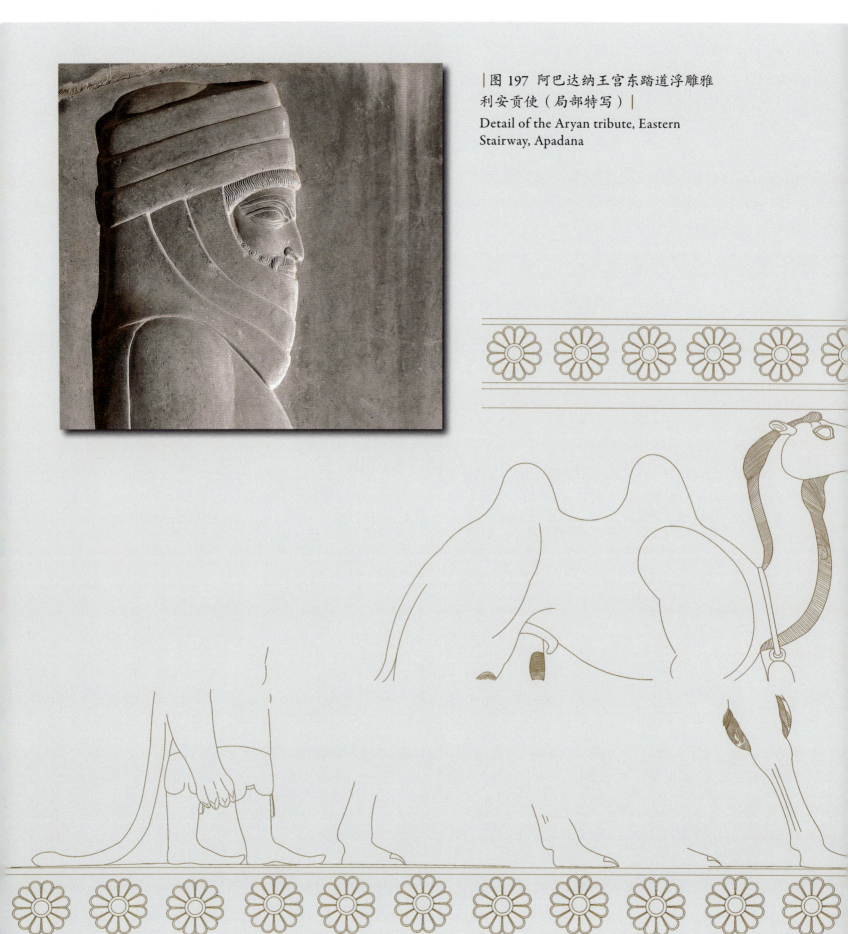

| 图 197 阿巴达纳王宫东踏道浮雕雅利安贡使（局部特写） |

Detail of the Aryan tribute, Eastern Stairway, Apadana

二、阿巴达纳王宫东踏道 23 郡国贡使

图 198 阿巴达纳王宫东踏道浮雕米底卫兵引导一队雅利安贡使
Line drawing of the bas-relief from the eastern stairway of the Apadana, showing the Median warrior leading an Aryan delegation

图 199 阿巴达纳王宫东踏道浮雕叙利亚人进贡玻璃器、羊皮、亚麻布料和绵羊
Bas-relief from the eastern stairway of the Apadana, showing a Syrian delegation bringing four glass cups, a sheep skin, linen cloth and sheep as tribute

第三章 古波斯帝国的四方贡使

二、阿巴达纳王宫东踏道 23 郡国贡使

二、阿巴达纳王宫东踏道 23 郡国贡使

8. 叙利亚贡使

叙利亚位于美索不达米亚北部，古称"亚述"。帕尔米拉出土过一件叙利亚贵族饮酒图浮雕石板，手持蜂窝纹双耳银壶（或蜂窝纹玻璃酒杯），现藏宾夕法尼亚大学考古与人类学博物馆（图200）。波斯波利斯阿巴达纳东踏道浮雕的叙利亚贡使由波斯卫兵引导，其贡品为玻璃器、羊皮、亚麻布料和绵羊（图199-201）。叙利亚并入波斯帝国版图后，叙利亚的腓尼基商人获得了一个巨大的内陆贸易市场。美国康宁博物馆和日本收藏家平山郁夫先生藏有古波斯玻璃器（图203-204），生动展示了叙利亚玻璃工匠的精湛技艺。地中海东岸的腓尼基和叙利亚是古波斯帝国重要玻璃产地。腓尼基玻璃器被欧亚草原的斯基泰人远销到今哈萨克斯坦阿拉木图，而腓尼基玻璃珠甚至远销中国黄河和长江流域。1983年，广州南越王墓出土过一个玉来通（图404），与古波斯羊首金来通（图202）如出一辙，说明古波斯帝国与中国东南沿海地区有贸易往来。在地中海与商业竞争对手希腊人的斗争中，腓尼基人也争取到了波斯人的支援。

| 图200 帕尔米拉出土叙利亚贵族饮酒图，宾夕法尼亚大学考古与人类学博物馆藏 |
Picture of a Syrian Noble drinking from Palmira, Museum of Archaeology and Anthropology, University of Pennsylvania

二、阿巴达纳王宫东踏道 23 郡国贡使

|图 201 阿巴达纳王宫东踏道浮雕波斯卫兵引导一队叙利亚贡使|
Line drawing of the bas-relief from the eastern stairway of the Apadana, showing a Persian warrior leading an Syrian delegation

| 图 202 古波斯羊首金来通，德黑兰伊朗国家考古博物馆藏 |

Rhyton. Achaemenid. Gold. L. 14.2 cm. National Archaeological Museum, Tehran

| 图 203 美国康宁博物馆藏古波斯玻璃瓶 |

Persian glass bottle from the Canning Museum

| 图 204 平山郁夫藏古波斯玻璃碗 |

Persian glass bowl from the Hirayama Ikuo collection

9. 卡帕多西亚贡使

卡帕多西亚人的祖先即驰骋于欧亚草原著名的游牧民族——辛梅里安人（Cimmerians）。公元前750—前700年，他们被天山地区的斯基泰人赶走，越过高加索，进入安纳托利亚半岛。现代学者认为，他们在公元前714年进攻乌拉尔图 (Urartu)，公元前705年被亚述王萨尔贡二世（Sargon II）击退。公元前696—前695年，辛梅里安人征服弗里吉亚（Phrygia）；公元前652年一度占领吕底亚首都萨迪斯（Sardis）。公元前637或前626年，辛梅里安人被吕底亚国王阿利亚德 (Alyattes) 击溃，后来成为古波斯帝国的附庸国，被称为卡帕多西亚人。波斯波利斯王宫阿巴达纳东踏道浮雕的卡帕多西贡使由米底卫兵引导，其贡品为战马、毛料、袍子和裤子（图205-207）。

图 205 阿巴达纳王宫东踏道浮雕卡帕多西亚贡使特写

Detail of a Cappadosian tribute bearers, Eastern Stairway, Apadana

|图 206 阿巴达纳王宫东踏道浮雕卡帕多西亚人进贡战马、袍子和裤子|
Bas-relief from the eastern stairway of the Apadana, showing a Cappadosian delegation bringing a war horse, robes and trousers as tribute

二、阿巴达纳王宫东踏道 23 郡国贡使

第三章 古波斯帝国的四方贡使

| 图 207 阿巴达纳王宫东踏道浮雕米底卫兵引领卡帕多西亚贡使 |

Line drawing of the bas-relief from the eastern stairway of the Apadana, showing a Median warrior leading a Cappadosian delegation

二、阿巴达纳王宫东踏道 23 郡国贡使

10. 埃及贡使

埃及是人类文明的发源地之一,有高度发达的古代文明。北非的古埃及人不仅培育出高粱,而且埃及还是家驴的原始故乡。波斯波利斯王宫阿巴达纳东踏道浮雕的埃及贡使由波斯卫兵引导,由于埃及贡使上半身浮雕残损,仅知贡品有黄牛(图 208-210)。不过,波斯波利斯百柱大厅门道 24 国武士浮雕可见埃及人的相貌和衣着打扮(图 211)。

| 图 208 阿巴达纳王宫东踏道浮雕埃及人进贡黄牛 |

Bas-relief from the eastern stairway of the Apadana, showing an Egyptian delegation bringing an ox as tribute

图 209 德尔菲考古博物馆藏青铜黄牛头,约公元前 8 世纪
Bronze ox head, ca. 800 BC. Delphi Archaeological Museum

第三章 古波斯帝国的四方贡使

| 图210 阿巴达纳王宫东踏道浮雕波斯卫兵引导一队埃及贡使 |

Line drawing of the bas-relief from the eastern stairway of the Apadana, showing a Persian warrior leading an Egyptian delegation

二、阿巴达纳王宫东踏道 23 郡国贡使

| 图 211 波斯波利斯百柱大厅门道埃及武士浮雕 |
Bas-relief of an Egyptian warrior on the gate of Hundred Columns hall, Persepolis

11. 尖帽斯基泰贡使

尖帽斯基泰人生活在今中亚锡尔河北岸、伊犁河流域至阿尔泰山,古波斯人称之为Saka(塞克),张骞称为"塞人"。塔吉克斯坦出土阿姆河宝藏的斯基泰人金牌饰即塞人艺术形象(图212)。波斯波利斯王宫东踏道浮雕的尖帽斯基泰使团由米底卫兵引导,其贡品为战马、手镯、布料和裤子。阿尔泰山北麓巴泽雷克斯基泰古墓发现大批楚国丝绸(图214)。

图 212 阿姆河宝藏尖帽斯基泰人浮雕金板
Gold plaque with bas-relief of a Scythian, from the Oxus treasure

第三章 古波斯帝国的四方贡使

图213 阿巴达纳王宫东踏道浮雕斯基泰人进贡战马、手镯、长袍和裤子
Bas-relief from the eastern stairway of the Apadana, showing the Scythians bringing a war horse, bracelets, robes and trousers as tribute

二、阿巴达纳王宫东踏道23郡国贡使

| 图214 阿尔泰山巴泽雷克5号墓出土楚国丝绸马鞍垫 |

Silk saddle cushion from the Kingdom of Chu, excavated from Pazyry Tomb 5, Altai Mountains

二、阿巴达纳王宫东踏道 23 郡国贡使

二、阿巴达纳王宫东踏道 23 郡国贡使

第三章 古波斯帝国的四方贡使

二、阿巴达纳王宫东踏道 23 郡国贡使

|图 215 阿巴达纳王宫东踏道浮雕米底卫兵引领一队斯基泰贡使|
Line drawing of the bas-relief from the eastern stairway of the Apadana, showing a Median warrior leading a Scythian delegation

第三章 古波斯帝国的四方贡使

图 216 阿巴达纳王宫东踏道浮雕爱奥尼亚人进贡金银器、毛料和毛线团
Bas-relief from the eastern stairway of the Apadana, showing an Ionian delegation bringing gold and silver wares, wool cloth and balls of yarn as tribute

12. 爱奥尼亚贡使

古希腊人由北方马其顿人、南方的斯巴达人和小亚细亚西南沿海地区的爱奥尼亚人构成。印度人将爱奥尼亚人称为"耶槃那人"（Yavana）。波斯波利斯王宫阿巴达纳东踏道浮雕的爱奥尼亚使团由波斯卫兵引导，其贡品为金银器、毛料和毛线团（图216-218）。

图 217 阿巴达纳王宫东踏道浮雕爱奥尼亚贡使（局部特写）
Detail of an Ionian tribute bearer carrying balls of yarn, Eastern Stairway, Apadana

二、阿巴达纳王宫东踏道 23 郡国贡使

218

二、阿巴达纳王宫东踏道 23 郡国贡使

第三章 古波斯帝国的四方贡使

图218 阿巴达纳王宫东踏道浮雕波斯卫兵引导爱奥尼亚贡使
Line drawing of the bas-relief from the eastern stairway of the Apadana, showing a Persian warrior leading an Ionian delegation

13. 巴克特里亚贡使

巴克特里亚首府在今阿富汗西北马扎里沙里夫,张骞称之为"大夏"。波斯波利斯王宫阿巴达纳东踏道浮雕的巴克特里亚使团由米底卫兵引导,贡品为金银器、双峰驼(图219-220)。塔吉克斯坦出土阿姆河宝藏的金碗与巴克特里亚使团所贡金碗器型相似,现藏大英博物馆(图221)。香港收藏家藏有相似的古波斯金碗,口沿刻有阿拉美文(图222-223)。类似的金碗一直流行到唐代,也即李白《对

图219 阿巴达纳王宫东踏道浮雕巴克特里亚人进贡金银器和双峰驼

Bas-relief from the eastern stairway of the Apadana, showing a Bactrian delegation bringing the golden and silver wares and a camel as tribute

二、阿巴达纳王宫东踏道 23 郡国贡使

酒》诗中所谓"金叵罗"。其诗曰:"蒲萄酒,金叵罗,吴姬十五细马驮。青黛画眉红锦靴,道字不正娇唱歌。玳瑁筵中怀里醉,芙蓉帐底奈君何!"希罗多德《历史》记载:"……巴克特里亚人,头部的佩戴酷似米底人。他们按照本地的习俗带着藤弓和短枪"(希罗多德,2013 年,第 485 页)。

| 图 220 阿巴达纳王宫东踏道浮雕米底卫兵引导巴克特里亚贡使 |

Line drawing of the bas-relief from the eastern stairway of the Apadana, showing a Median warrior leading a Bactrian delegation

二、阿巴达纳王宫东踏道 23 郡国贡使

| 图 221 阿姆河宝藏金碗,古波斯时期(公元前 5—前 3 世纪),大英博物馆藏 |

A golden bowl from the Oxus treasure. Achaemenid period, ca. 500-300 BCE. British Museum

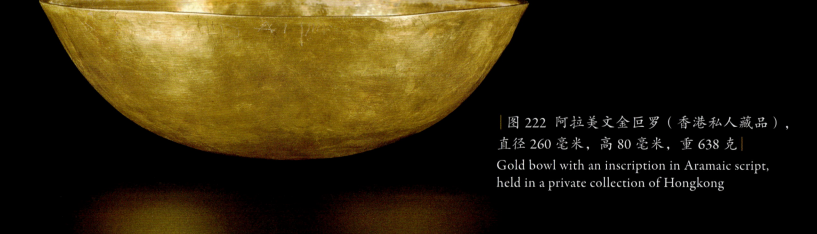

| 图 222 阿拉美文金叵罗(香港私人藏品),直径 260 毫米,高 80 毫米,重 638 克 |

Gold bowl with an inscription in Aramaic script, held in a private collection of Hongkong

图 223 阿拉美文金叵罗（香港私人藏品）
Gold bowl with an inscription in Aramaic script, held in a private collection of Hongkong

14. 犍陀罗贡使

犍陀罗在今巴基斯坦印度河西岸，汉代史书称作"罽宾"。其名来自贵霜王朝早期都市——罽宾（今阿富汗贝格拉姆遗址）。印度孔雀王朝阿育王在罽宾国循鲜城（今巴基斯坦塔克西拉）立有阿拉美文碑铭（图225）。波斯波利斯王宫阿巴达纳东踏道浮雕的犍陀罗贡使由波斯卫兵引导，犍陀罗贡品为瘤牛、长矛和盾牌（图224和226-227）。汉代中国人始知瘤牛，《汉书·西域传》称为"封牛"。其文曰："罽宾（今阿富汗贝格拉姆）地平，温和，有目宿，杂草奇木……出封牛、水牛、象、大狗、沐猴、孔爵、珠玑、珊瑚、虎魄、璧流离"（班固，1962年，第3885页）。西晋时期西域贡品中有瘤牛。《晋书·张骏传》记载："西域诸国献汗血马、火浣布、犛牛、孔雀、巨象及诸珍异二百余品"（房玄龄，1974年，第2235页）。

图 224 阿巴达纳王宫东踏道浮雕犍陀罗贡使特写
Detail of two Gandharian tribute bearers, Eastern Stairway, Apadana

二、阿巴达纳王宫东踏道 23 郡国贡使

| 图 225 阿拉美文阿育王碑铭，出自巴基斯坦塔克西拉 |

A pillar of Ashoka edict written in Aramaic script. ca. 238 BCE. From Taxila, Pakistan

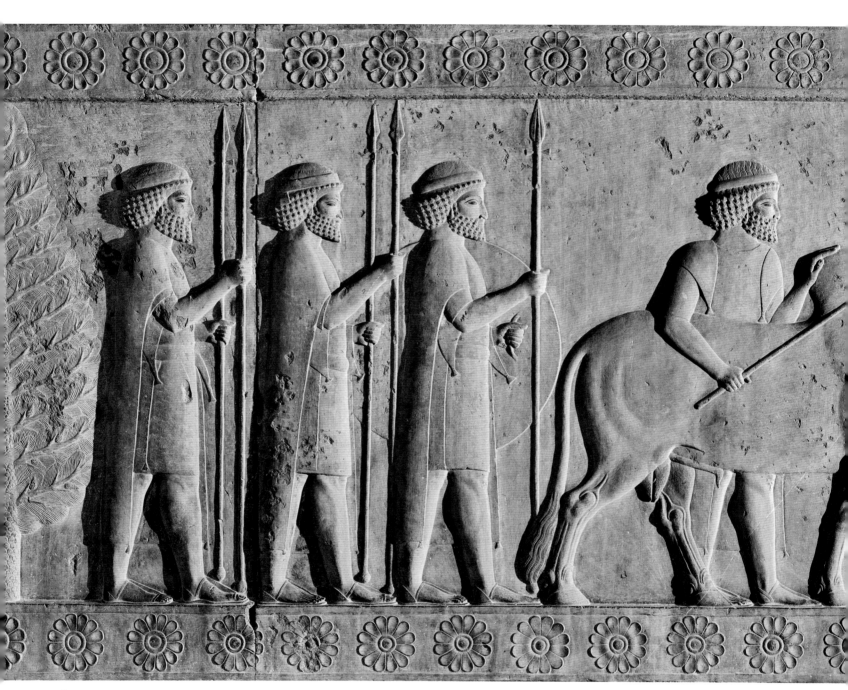

|图 226 阿巴达纳王宫东踏道浮雕犍陀罗贡使进贡瘤牛、长矛和盾牌|
Bas-relief from the eastern stairway of the Apadana, showing a Gandharian delegation bringing a zebu, spears and shields as tribute

二、阿巴达纳王宫东踏道 23 郡国贡使

第三章 古波斯帝国的四方贡使

| 图 227 阿巴达纳王宫东踏道浮雕波斯卫兵引导一队犍陀罗贡使 |
Line drawing of the bas-relief from the eastern stairway of the Apadana, showing a Persian warrior leading a Gandharian delegation

二、阿巴达纳王宫东踏道 23 郡国贡使

第三章　古波斯帝国的四方贡使

15. 阿拉霍西亚贡使

阿拉霍西亚在今阿富汗坎大哈（图231），与雅利安人（今阿富汗西境赫拉特）、犍陀罗人（今巴基斯坦北部）为邻。波斯波利斯王宫阿巴达纳东踏道浮雕的阿拉霍西亚贡使由米底卫兵引导，其贡品为金银器和双峰驼（图228-230）。金银器与彼得大帝宝藏古波斯双兽耳金钵、阿姆河宝古波斯弦纹兽首柄金壶工艺相同（图232-233）。

| 图228 阿巴达纳王宫东踏道浮雕阿拉霍西亚人进贡金银器和双峰驼 |

Bas-relief from the eastern stairway of the Apadana, showing an Arachosian delegation bringing gold and silver wares and a camel

二、阿巴达纳王宫东踏道 23 郡国贡使

235

| 图 229 阿巴达纳王宫东踏道浮雕米底卫兵引导一队阿拉霍西亚贡使 |

Line drawing of the bas-relief from the eastern stairway of the Apadana, showing a Median warrior leading an Arachosian delegation

二、阿巴达纳王宫东踏道 23 郡国贡使

| 图 230 阿巴达纳王宫东踏道浮雕阿拉霍西亚贡使特写 |
Detail of two Arachosian tribute bearers, Eastern Stairway, Apadana

| 图 231 坎大哈老城废墟，1881 年拍摄 |
Old Kandahar citadel in 1881

二、阿巴达纳王宫东踏道 23 郡国贡使

|图 232 彼得大帝宝藏古波斯兽耳金钵,高 10.2 厘米,宽(含括器耳)22 厘米,艾尔米塔什博物馆藏|
Golden Bowl with zoomorphic handles. Achaemenid, 5th-4th c. BCE. H. 10.2 cm; W. 22 cm (incl. handles). Siberian collection of Peter I held in the Hermitage Museum, St. Petersburg

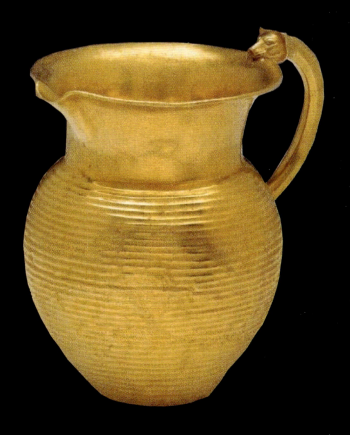

|图 233 阿姆河宝藏金壶,大英博物馆藏|
Golden pot with a single ear, from the Oxus treasure. British Museum

16. 萨迦尔提亚贡使

大流士一世篡位后，萨迦尔提亚王起兵反抗，被大流士派兵镇压。贝希斯敦浮雕中第 6 个俘虏特里坦塔伊赫米斯即萨迦尔提亚叛王。据楔形文字榜题，此人是米底贵族，出自米底第四代国王基亚克萨雷斯（Cyaxares）家族，故不在古波斯帝国 30 国武士之列。不过，波斯波利斯阿巴达纳王宫 23 国贡使浮雕有萨加尔提亚使团，由波斯卫兵引导，进贡布料、裤子和战马（图 234-236）。

| 图 234　阿巴达纳王宫东踏道浮雕萨迦尔提亚人进贡棉布料、裤子和战马 |

Bas-relief from the eastern stairway of the Apadana, showing a Sagartian delegation bringing cotton, trousers and a war horse as tribute

二、阿巴达纳王宫东踏道 23 郡国贡使

第三章 古波斯帝国的四方贡使

| 图 235 阿巴达纳王宫东踏道浮雕波斯卫兵引领萨迦尔提亚贡使 |
Line drawing of the bas-relief from the eastern stairway of the Apadana, showing a Persian warrior leading a Sagartian delegation

二、阿巴达纳王宫东踏道 23 郡国贡使

| 图 242 阿巴达纳王宫东踏道浮雕粟特贡使特写 |
Detail of a Sogdian tribute bearer, Eastern Stairway, Apadana

18. 印度贡使

古波斯人所谓"印度"，指今巴基斯坦印度河东岸信德省古代居民，汉代史书称作"身毒"。波斯波利斯王宫东踏道浮雕的印度贡使由波斯卫兵引导，其贡品为砂金、毛驴和战斧（图243和245-246）。古波斯帝国从印度输入的产品可能还有棉织物。据希罗多德《历史》记载："另外，那里还有一种野生的树，这种树的果实里面长出一种毛，这种毛比羊毛更美丽，质地更好。印度当地人穿的衣服就是用这种树上长的羊毛制作的"（希罗多德，2013年，第241页）。

| 图243 阿巴达纳王宫东踏道浮雕印度贡使特写 |

Apadana, Eastern Stairway, Detail of an Indian Tribute Bearer

据希罗多德《历史》记载，印度是波斯帝国输入砂金的主要郡国。据说古代印度北部沙漠生活着一群英勇好战的印度人。他们经常骑着骆驼去开采黄金。他们利用一种比狐狸还要大的巨型蚂蚁采金。无数蚂蚁在地下挖洞，黄金连同沙子一起从地下挖出。他们趁着蚂蚁中午躲到地下乘凉时，偷偷用车将砂金运走（希罗多德，2013年，第240-241页）。

| 图244 印度人骑象银盘，约公元1—2世纪，大英博物馆藏 |

A silver roundel embossed with three Indians riding an elephant, ca. 1st-2nd c. CE, obtained in Rawalpindi, Pakistan. British Museum

|图 245 阿巴达纳王宫东踏道浮雕印度人进贡砂金、毛驴和战斧|
Bas-relief from the eastern stairway of the Apadana, showing an Indian delegation bringing gold sand, a donkey and metal hatchets

二、阿巴达纳王宫东踏道 23 郡国贡使

| 图 246 阿巴达纳王宫东踏道浮雕波斯卫兵引导印度贡使 |

Line drawing of the bas-relief from the eastern stairway of the Apadana, showing a Persian warrior leading an Indian delegation

二、阿巴达纳王宫东踏道 23 郡国贡使

19. 色雷斯贡使

色雷斯位于希腊之北巴尔干半岛，古波斯碑铭称色雷斯人为"斯库德拉"（Skudra）。波斯波利斯王宫阿巴达纳东踏道浮雕的色雷斯使团由米底卫兵引导，其贡品为长矛、盾牌和战马（图 247-250）。

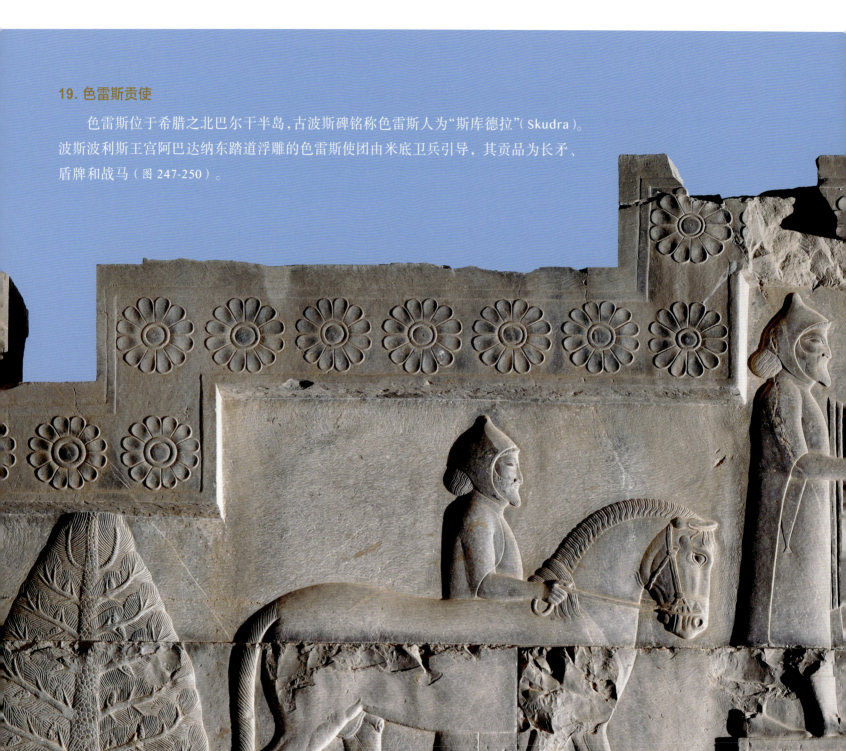

二、阿巴达纳王宫东踏道 23 郡国贡使

图 247 阿巴达纳王宫东踏道浮雕色雷斯人进贡长矛、盾牌和战马
Bas-relief from the eastern stairway of the Apadana, showing a Thracian delegation bringing spears, shields and a war horse as tribute

二、阿巴达纳王宫东踏道 23 郡国贡使

图 248 阿巴达纳王宫东踏道浮雕米底卫兵引导一队色雷斯贡使
Line drawing of the bas-relief from the eastern stairway of the Apadana, showing a Median warrior leading a Thracian delegation

第三章 古波斯帝国的四方贡使

| 图 249 纽约大都会艺术博物馆藏色雷斯青铜骑士像 |
Bronze statue of a Thracian Warrior, held in the Metropolitan Museum of Art, New York

| 图 250 大流士瓶《波斯太守向色雷斯人征税图》，那不勒斯国家考古博物馆藏 |
Detail of a Persian satrap collecting a tax from Thracians, drawn on the Darius vase (ca. 340-320 BCE). Achaeological Museum of Naples

20. 阿拉伯贡使

阿拉伯人繁衍于波斯与埃及之间的阿拉伯半岛，阿拉伯人不认为自己是古波斯帝国的附庸国，只是每年向波斯交纳 1000 塔兰特乳香，并在波斯入侵埃及时提供装水的皮囊，以便波斯人穿越沙漠。不过，阿拉伯人派兵参加了第二次希波战争，随薛西斯一世远征希腊半岛。波斯波利斯王宫东踏道浮雕的阿拉伯贡使由波斯卫兵引导，其贡品为单峰驼、亚麻布料（图 251-255）。

图 251 阿巴达纳王宫东踏道浮雕阿拉伯贡使特写
Detail of a Arabian tribute bearer, Eastern Stairway, Apadana

| 图 252 阿巴达纳王宫东踏道浮雕波斯士兵引导一队阿拉伯贡使 |

Bas-relief from the eastern stairway of the Apadana, showing a Persian warrior leading an Arabian delegation

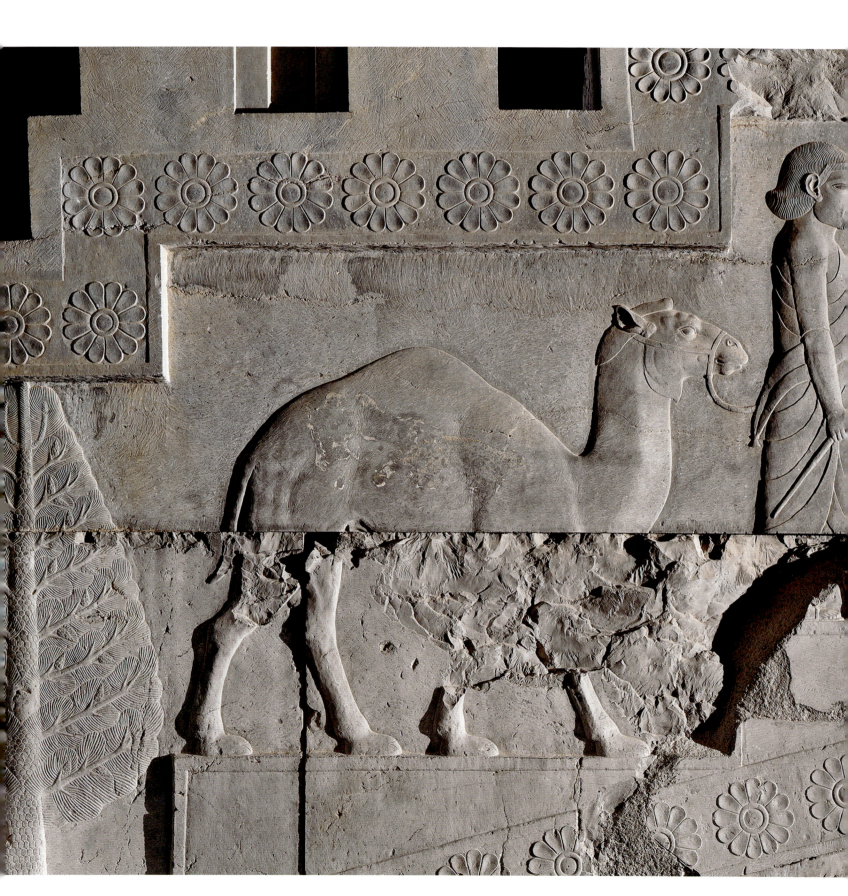

二、阿巴达纳王宫东踏道 23 郡国贡使

第三章 古波斯帝国的四方贡使

二、阿巴达纳王宫东踏道 23 郡国贡使

| 图 253 阿巴达纳王宫东踏道浮雕波斯士兵引导一队阿拉伯贡使 |
Line drawing of the bas-relief from the eastern stairway of the Apadana, showing a Persian warrior leading an Arabian delegation

265

第三章　古波斯帝国的四方贡使

二、阿巴达纳王宫东踏道 23 郡国贡使

| 图 255 阿曼乳香林与单峰驼 |
Frankincense forest and a single humped camel in Oman

| 图 254 阿巴达纳王宫东踏道浮雕阿拉伯人进贡单峰驼 |
Bas-relief from the eastern stairway of the Apadana, showing an Arabian delegation bringing a single humped camel as tribute

21. 卡里亚贡使

　　卡里亚位于安纳托利亚半岛中部。波斯波利斯王宫东踏道浮雕的卡里亚贡使由米底卫兵引导，其贡品为长矛、盾牌和黄牛。黄牛、绵羊、山羊是两河流域古代居民培育的家畜，公元前2000年从欧亚草原引入黄河流域。在西方，黄牛是希腊人重要的生产工具和祭祀用品（图 256-258）。

图 256 阿巴达纳王宫东踏道浮雕卡里亚人进献长矛、盾牌和黄牛
Bas-relief from the eastern stairway of the Apadana, showing a Carian delegation bringing spears, shields and an ox as tribute

二、阿巴达纳王宫东踏道 23 郡国贡使

图 257 阿巴达纳王宫东踏道浮雕米底卫兵引导一队卡里亚贡使
Line drawing of the bas-relief from the eastern stairway of the Apadana, showing a Median warrior leading a Carian delegation

二、阿巴达纳王宫东踏道 23 郡国贡使

| 图 258 阿巴达纳王宫东踏道浮雕卡里亚贡使特写 |

Detail of a Carian tribute bearer, Eastern Stairway, Apadana

22. 利比亚贡使

利比亚位于北非，濒临地中海。古希腊人在利比亚建有殖民地，史称"昔兰尼"。波斯波利斯王宫阿巴达纳东踏道浮雕的利比亚使团由波斯卫兵引导，进贡的是阿拉伯剑羚和双轮单辕马车（图259-261）。

二、阿巴达纳王宫东踏道 23 郡国贡使

图 259 阿巴达纳王宫东踏道浮雕利比亚人进贡剑羚和马车
Bas-relief from the eastern stairway of the Apadana, showing a Lybian delegation bringing an antelope and a chariot as tribute

二、阿巴达纳王宫东踏道 23 郡国贡使

| 图 260 阿巴达纳王宫东踏道浮雕波斯卫兵引导一队利比亚使团 |
Line drawing of the bas-relief from the eastern stairway of the Apadana,
showing a Persian warrior leading a Lybian delegation

第三章 古波斯帝国的四方贡使

二、阿巴达纳王宫东踏道 23 郡国贡使

| 图 262 阿拉伯剑羚 |
Arabian Antelope

| 图 261 阿巴达纳王宫东踏道浮雕利比亚贡使特写 |
Detail of a Lybian tribute bearer, Eastern Stairway, Apadana

279

23. 努比亚贡使

努比亚位于今埃及南部与苏丹北部之间沿着尼罗河沿岸的地区。努比亚一词可能来自埃及语中的金（nub）或诺巴（Noba）。波斯波利斯王宫阿巴达纳东踏道浮雕的努比亚使团由米底卫兵引导，其贡品为象牙和霍加狓（图263-266）。霍加狓（Okapi）是1901年才在非洲扎伊尔森林发现的大型哺乳动物，又称作欧卡皮鹿（图267）。它是长颈鹿科中的一种偶蹄动物，与长颈鹿有亲缘关系，是长颈鹿唯一的尚未灭绝的近亲。

二、阿巴达纳王宫东踏道 23 郡国贡使

图 263 阿巴达纳王宫东踏道浮雕,努比亚使团进贡象牙和霍加狓
Bas-relief from the eastern stairway of the Apadana, showing a Nubian delegation bringing an elephant tusk and an okapi as tribute

| 图 264 阿巴达纳王宫东踏道浮雕，米底卫兵引导努比亚使团 |
Line drawing of the bas-relief from the eastern stairway of the Apadana, showing a Median warrior leading a Nubian delegation

二、阿巴达纳王宫东踏道 23 郡国贡使

第三章 古波斯帝国的四方贡使

图 265 阿巴达纳王宫东踏道浮雕,米底卫兵引导努比亚使团(局部特写)
Detail of a Median warrior leading a Nubian tribute bearer, Eastern Stairway, Apadana

二、阿巴达纳王宫东踏道 23 郡国贡使

图 266 阿巴达纳王宫东踏道浮雕努比亚贡使特写

Apadana, Eastern Stairway, Detail of a Nubian Tribute Bearer

图 267 北非的霍加狓

Okapi of Northern Africa

三、阿巴达纳王宫北踏道波斯 23 郡国贡使

图 268 波斯波利斯阿巴达纳王宫北阶道全景
The northern stairway of the Apadana, Persepolis

第三章 古波斯帝国的四方贡使

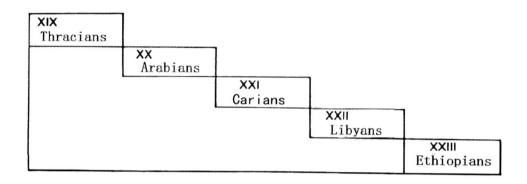

I Medians	II Elamites	IV Parthians	VII Aryans	X Egyptians	XIII Bactrians	XVI Sagartians
	III Armenians	V Babylonians	VIII Syrians	XI Scythians	XIV Gandharians	XVII Sogdians
		VI Lydians	IX Cappadocians	XII Ionians	XV Drangians Arachosians	XVIII Indians

- XIX Thracians
- XX Arabians
- XXI Carians
- XXII Libyans
- XXIII Ethiopians

图 269 阿巴达纳那王宫北踏道波斯各地贡使浮雕图序
Order of the delegation from the various satrapies of Persia, Bas-relief on the northern stairway of the Apadana

图 270 阿巴达纳王宫北踏道浮雕埃兰人进贡马车残片，大英博物馆藏
Fragment of an Elamite tribute bearer bringing a chariot, possibly from the bas-relief of the northern stairway of the Apadana. British Museum

三、阿巴达纳王宫北踏道波斯 23 郡国贡使

| 图 271 阿巴达纳王宫北踏道浮雕埃兰人进贡马车残片 |

Fragment of the chariots of an Elamite delegation bringing chariots, on the bas-relief of the northern stairway of the Apadana

| 图 272 阿巴达纳王宫北踏道浮雕米底贡使残部 |

Fragmentary remains of a Median delegation, on the bas-relief of the northern stairway of the Apadana

图 273 阿巴达纳王宫北踏道浮雕波斯 23 属国贡使
Delegation of 23 satrapies of Persia, on the bas-relief of the northern stairway of the Apadana

第三章 古波斯帝国的四方贡使

| 图 274 阿巴达纳王宫北踏道浮雕巴比伦贡使进贡瘤牛 |

Bas-relief from the northern stairway of the Apadana, showing a Babylonian delegation bringing a zebu as tribute

| 图 275 阿巴达纳王宫北踏道浮雕吕底亚人觐献金碗、手镯和马车 |

Bas-relief from the northern stairway of the Apadana, showing a Lydian delegation bringing gold bowls, bracelets and a chariot

| 图 276 阿巴达纳王宫北踏道浮雕吕底亚贡使特写 |
Detail of Lydian delegation, Northern Stairway, Apadana

| 图 277 阿巴达纳王宫北踏道浮雕帕提亚人进贡骆驼和狮子皮 |

Bas-relief from the northern stairway of the Apadana, showing a Parthian delegation bringing a camel and a lion skin as tribute

| 图 278 阿巴达纳王宫北踏道浮雕埃兰人进贡母狮子和狮子幼崽 |

Bas-relief from the northern stairway of the Apadana, showing an Elamite delegation bringing a lioness and lion cubs as tribute

| 图 279 阿巴达纳王宫北踏道浮雕波斯卫兵引导一队亚美尼亚贡使 |

Bas-relief from the northern stairway of the Apadana, showing a Persian warrior leading an Armenian delegation

| 图 280 阿巴达纳王宫北踏道浮雕波斯卫兵引导一队叙利亚贡使 |

Bas-relief from the northern stairway of the Apadana, showing a Persian warrior leading a Syrian delegation

三、阿巴达纳王宫北踏道波斯 23 郡国贡使

| 图 281 阿巴达纳王宫北踏道浮雕米底卫兵引导一队卡帕多西亚贡使 |

Bas-relief from the northern stairway of the Apadana, showing a Median warrior leading a Cappadocian delegation

| 图 282 阿巴达纳王宫北踏道浮雕波斯卫兵引导一队爱奥尼亚贡使 |

Bas-relief of the northern stairway of the Apadana, showing a Persian warrior leading an Ionian delegation

| 图283 阿巴达纳王宫北踏道浮雕犍陀罗人觐献瘤牛、长矛和盾牌 |

Bas-relief from the northern stairway of the Apadana, showing the Gandharian delegation bringing a zebu, spears and shields as tribute

三、阿巴达纳王宫北踏道波斯 23 郡国贡使

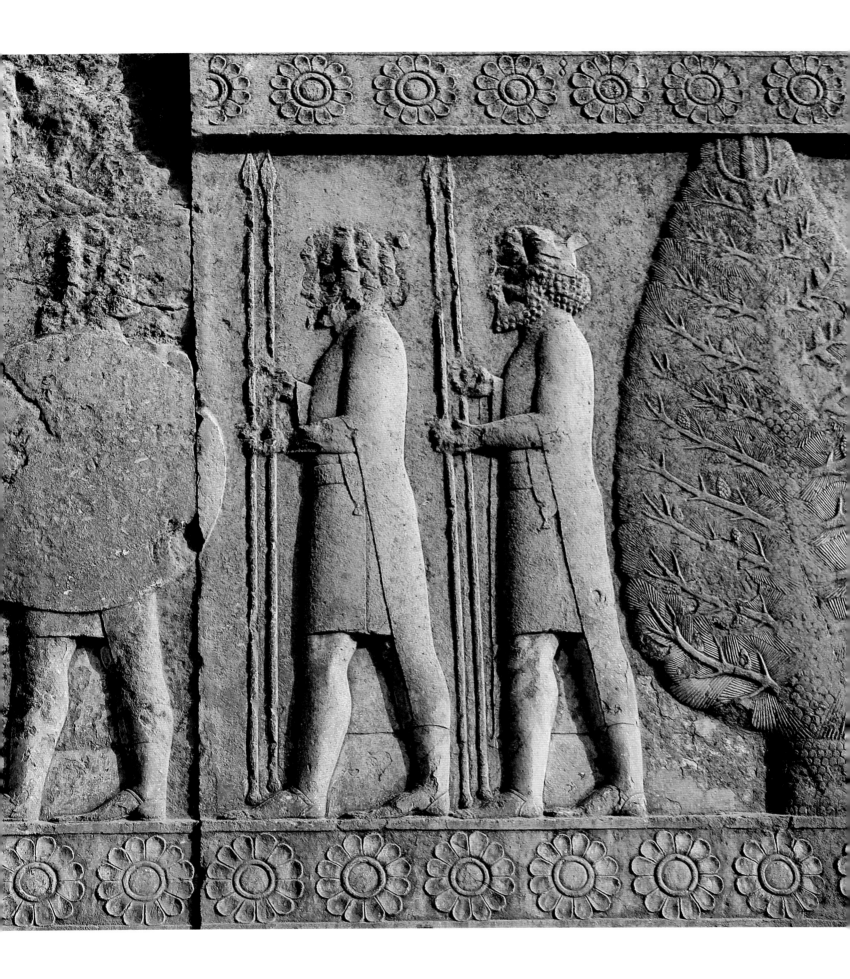

第三章 古波斯帝国的四方贡使

三、阿巴达纳王宫北踏道波斯 23 郡国贡使

图 284 阿巴达纳王宫北踏道浮雕阿拉霍西亚人进贡骆驼和金银器
Bas-relief from the northern stairway of the Apadana, showing an Arachosian delegation bringing golden and silver wares and a camel as tribute

图286 阿巴达纳王宫北踏道浮雕米底卫兵引导粟特贡使，进贡战斧、箭囊和战马

Bas-relief from the northern stairway of the Apadana, showing a Median warrior leading a Sogdian delegation, bringing battle-axes, quivers and a war horse as tribute

三、阿巴达纳王宫北踏道波斯 23 郡国贡使

| 图 285 阿巴达纳王宫北踏道浮雕波斯卫兵引导印度贡使 |
Bas-relief from the northern stairway of the Apadana, showing a Persian warrior leading an Indian delegation

图 287 阿巴达纳王宫北路道浮雕印度贡使特写
Detail of an Indian tribute bearer, Northern Stairway, Apadana

三、阿巴达纳王宫北踏道波斯 23 郡国贡使

图 288 阿巴达纳王宫北踏道浮雕两位色雷斯贡使残片
Fragment of two members of the Thracian delegation, possibly from the bas-relief from the northern stairway of the Apadana (After Heidenarie Koch, 2011, p.72)

第三章 古波斯帝国的四方贡使

| 图 289 阿巴达纳王宫北踏道浮雕色雷斯和阿拉伯贡使残浮雕 |

Fragment of Delegations from Thrace and Arabia, on the bas-relief of the northern stairway of the Apadana

| 图 290 阿巴达纳王宫北踏道卡里亚贡使残浮雕 |

Fragment of Carian delegation, on the bas-relief from the northern stairway of the Apadana

三、阿巴达纳王宫北踏道波斯 23 郡国贡使

| 图 291 阿巴达纳王宫北踏道浮雕色雷斯和阿拉伯贡使（据科赫复原线图）|

Bas-relief from the northern stairway of the Apadana, showing a Median warrior leading a Thracian delegation and a Persian warrior leading an Arabian delegation (After Heidemarie Koch, 2011, p.71)

| 图 292 阿巴达纳王宫北踏道浮雕卡里亚贡使（据科赫复原线图）|

Line drawing of the bas-relief from the northern stairway of the Apadana, showing a Median warrior leading a Carian delegation (After Heidemarie Koch, 2011, p.71)

第三章 古波斯帝国的四方贡使

| 图293 阿巴达纳王宫北踏道浮雕努比亚贡使残片，高27厘米，宽25厘米，伊朗国家考古博物馆藏 |

A fragment of Nubian tribute bearer bringing an elephant tusk (L: 27 cm; W: 25 cm), possibly from the bas-relief of the northern stairway of the Apadana. National Archaeological Museum, Tehran

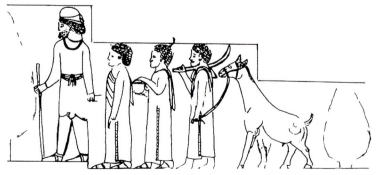

| 图294 阿巴达纳王宫北踏道浮雕利比亚和努比亚贡使（据科赫复原线图） |

Line drawing of the Lybian and Nubian delegations, on the bas-relief carvings of the northern stairway of the Apadana (After Heidemarie Koch, 2011, p.71)

三、阿巴达纳王宫北踏道波斯 23 郡国贡使

| 图 295 阿巴达纳王宫北踏道利比亚、努比亚贡使残浮雕 |

Fragment of the Lybian and Nubian delegations, on the bas-relief carvings of the northern stairway of the Apadana

四、塔赫亚王宫和哈迪失王宫的四方贡使

图 296 波斯波利斯塔赫里王宫西踏道
Western stairway of the Tachara, Persepolis

图 397 塔赫里王宫西路道浮雕雅利安、爱奥尼亚、叙利亚和粟特贡使
Delegations from Arya, Ionia, Syria and Sogdiana, in the bas-relief on the western stairway of the Tachara

四、塔赫里王宫和哈迪失王宫四方贡使

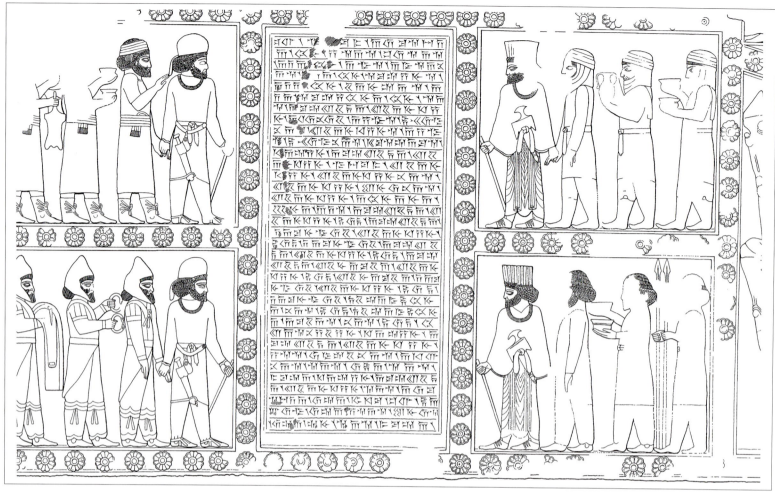

| 图 298 塔赫里王宫西踏道浮雕雅利安、爱奥尼亚、叙利亚和粟特贡使 |

Line drawing of the bas-relief from the western stairway of the Tachara, showing a Persian warrior leading the delegations of Arya, Ionia, Syria and Sogdiana (After John E. Curtis and Nigel Tallis, 2005)

| 图 299 塔赫里王宫西踏道浮雕粟特贡使残片，伊朗国家考古博物馆藏 |

A fragment of a Sogdian tribute bearer, possibly from the bas-relief on the western stairway of the Tachara. National Archaeological Museum, Tehran

四、塔赫里王宫和哈迪失王宫四方贡使

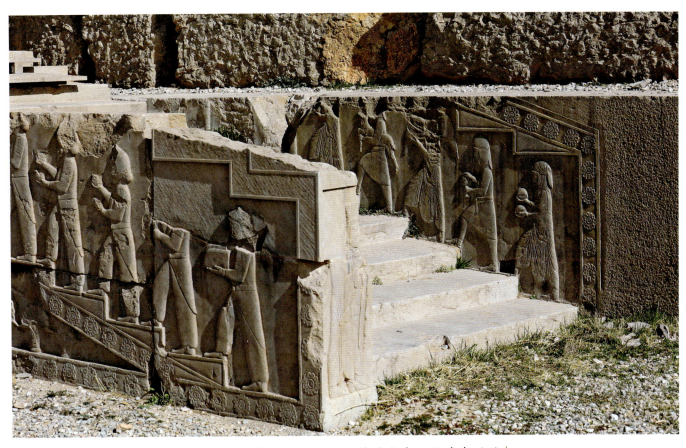

|图 300 塔赫里王宫西踏道浮雕米底和斯基泰贡使|
Bas-relief from the western stairway of the Tachara, showing a Median delegation and a Scythian delegation

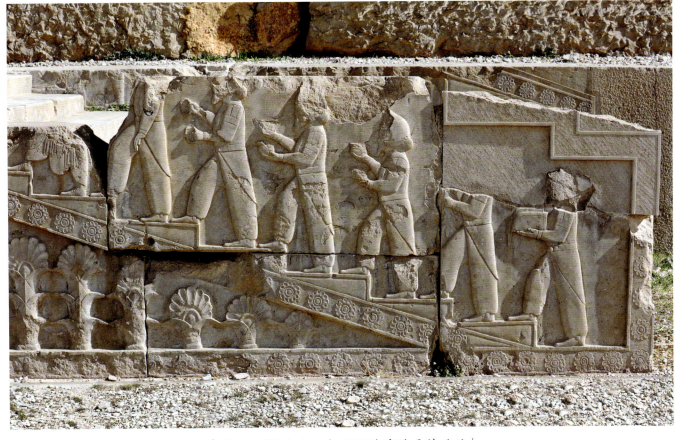

|图 301 塔赫里王宫西踏道浮雕粟特贡使|
Bas-relief from the western stairway of the Tachara, showing a Sogdian delegation

| 图 302 哈迪失王宫南踏道左侧浮雕叙利亚人进贡亚麻布和绵羊 |

Left bas-relief of the southern stairway of the Hadish, showing a Syrian tribute delegation bringing linen cloth and sheep as tribute

| 图 303 哈迪失王宫南踏道左侧浮雕吕底亚贡使觐献玻璃瓶浮雕残片，伊朗国家考古博物馆 |

A fragment of the Lydian tribute delegation bringing a glass bottle, possibly from the left bas-relief of the southern stairway of the Hadish. National Archaeological Museum, Tehran

四、塔赫里王宫和哈迪失王宫四方贡使

图 304 哈迪失王宫南踏道右侧浮雕米底贡使
Right bas-relief of the southern stairway of the Hadish, showing a Median delegation

图 305 哈迪失王宫南踏道右侧浮雕米底贡使
Bas-relief from the right side of the southern stairway of the Hadish, showing a Median delegation

图306 波斯波利斯哈迪失王宫南踏道
Southern stairway of the Hadish, Persepolis

第三章 古波斯帝国的四方贡使

| 图 307 哈迪失王宫南踏道右侧浮雕米底贡使 |

Fragment of the bas-relief from the right side of the southern stairway of the Hadish, showing a section of the Median delegation

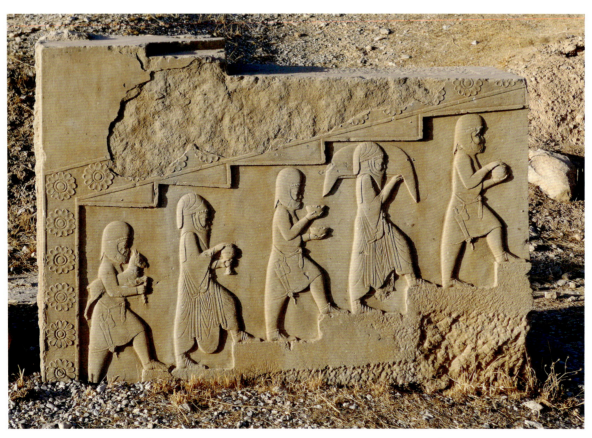

| 图 308 哈迪失王宫南踏道左侧浮雕米底贡使 |

Bas-relief from the left side of the southern stairway of the Hadish, showing a section of the Median delegation

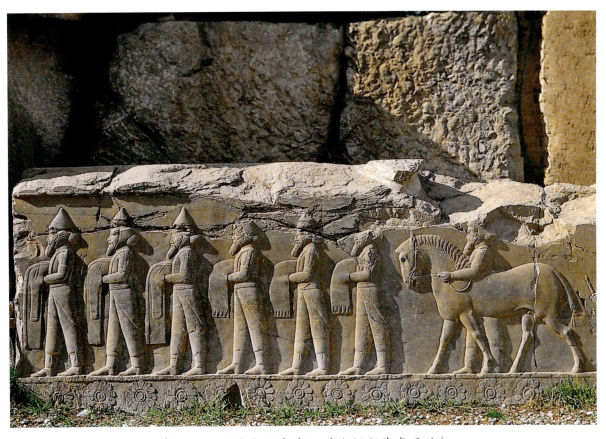

图 309 哈迪失王宫南踏道右侧斯基泰贡使
Bas-relief from the right side of the southern stairway of the Hadish,
showing a section of the Scythian delegation

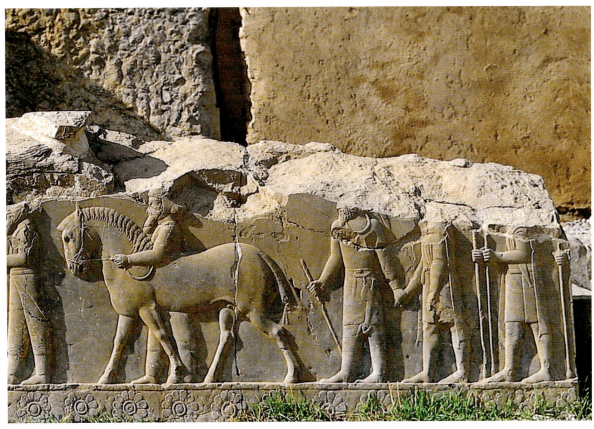

图 310 哈迪失王宫南踏道右侧浮雕犍陀罗贡使
Bas-relief from the right side of the southern stairway of the Hadish,
showing a section of the Gandharian delegation

第三章 古波斯帝国的四方贡使

| 图 311 哈迪失王宫南踏道左侧浮雕米底贡使 |

Bas-relief from the left side of the southern stairway of the Hadish,
showing a section of the Median delegation

| 图 312 哈迪失王宫南踏道左侧浮雕米底贡使 |

Bas-relief from the left side of the southern stairway of the Hadish,
showing a section of the Median delegation

四、塔赫里王宫和哈迪失王宫四方贡使

| 图 313 哈迪失王宫南踏道左侧浮雕米底贡使 |
Bas-relief from the left side of the southern stairway of the Hadish,
showing a section of the Median delegation

| 图 314 哈迪失王宫南踏道左侧浮雕米底贡使 |
Bas-relief from the left side of the southern stairway of the Hadish,
showing a section of the Median delegation

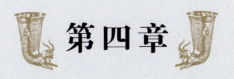

第四章

第四章 张骞通西域前的丝绸之路
IV. Silk Roads before Zhang Qian's envoy to Western Regions

公元前 5 世纪末,古希腊作家克泰夏斯(Ctesias of Cnidus),最早以"赛里斯"(Seres)一词称呼中国。此人早年为古波斯王阿塔薛西斯二世的御用医师,公元前 398 年—前 397 年间返回古希腊。他在《印度志》一书写道:"据传闻,赛里斯人和北印度人身材高大,甚至可以发现一些身高十三肘(Coudée,约 0.5 米)的人。他们可以寿逾二百岁。"[1] 希腊语 Seres 源于斯基泰人对中国的古称,相当于粟特人对中国的称谓 Srγ(汉译佛经作"沙落迦")。法国汉学家伯希和引《梵语千字文》的娑罗誐之汉译作"洛",说明《大秦景教流行中国碑》称洛阳为 Saraga,而粟特语 Srγ 本指洛阳(伯希和,1962 年,第 34—35 页)。公元前 770 年,周平王东迁,洛邑成为春秋战国时期中国名义上的首都,故斯基泰人称中国为 Srγ(洛阳)。

图 315 阿尔泰山草原景观
Steppe landscape of the Altai Mountains

[1] 据 Andrew G. Nichols 考证,这段文字出自《印度志》第 75 卷,不是克泰夏斯写的,而是公元 6—7 世纪附加文件。"赛里斯人",指大夏及印度以东北的居民,包括今新疆地区(Andrew G. Nichols, 2011, pp. 167-169)。

一、巴泽雷克墓地与中国出土的腓尼基玻璃珠

中国与西方的经济文化交流是从阿尔泰山开始的。这里是世界著名的黄金产地，其名源于突厥语 Altai（黄金），汉代称"金微山"。公元前 7 世纪初，古希腊吟游诗人阿里斯铁阿斯（Aristeas）从普洛康奈斯岛启程漫游中亚草原，直至北海（今俄罗斯贝加尔湖）。他的名作《独目人》将阿尔泰山古代居民称作"看守黄金的格里芬人"（E.D. Phillips, 1955, pp. 161-177）。

1947—1949 年间，苏联考古学家鲁金科（S. I. Rudenko）在阿尔泰山巴泽雷克墓发现战国丝绸。巴泽雷克墓（Pazyryk Burials）位于俄罗斯阿尔泰共和国丘雷什曼河及其支流巴什考斯河之间，地处阿尔泰山北麓一条狭长山谷。早在 19 世纪，巴泽雷克山谷就发现了古代游牧人墓地。这些巨石冢地处高寒地带，墓中积水常年冰冻不化，故称"巴泽雷克冻土墓"（图 316）。1856 年以来，拉德洛夫（W. W. Radlow）、格里亚兹诺夫（M. P. Gryaznov）、鲁金科和吉谢列夫（S. V. Kiselev）等苏联考古学家相继来此地进行考古发掘。

二战爆发后，巴泽雷克墓地发掘工作一度中断，1947—1949 年才得以恢复。鲁金科主持发掘了巴泽雷克墓地 5 座巨石冢，1950 年又在卡拉库勒附近发掘了两座巨石冢。1953 年，鲁金科在莫斯科出版巴泽雷克冻土墓考古报告。1970 年，美国学者汤普森（M. W. Thompson）将该书译成英文，题为《西伯利亚冻土墓：巴泽雷克墓地铁器时代骑马游牧人》。目前学界对巴泽雷克古墓的研究主要基于这本考古报告（Sergei I. Rudenko, 1970）。

巴泽雷克墓地的五座巨石冢，由南至北一线排列，说明它们属于同一部族。其中 1 号墓最大，直径 47 米，高 2.2 米，而建墓所用石块多达 1800 立方米。5 号墓直径 42 米，高 4 米，方形墓坑，墓上积石以筑冢；葬具为木棺椁，椁壁挂毛织毡毯。所有遗体均经防腐处理，墓主人有纹身习俗。从墓葬形制看，巴泽雷克巨石冢属于广布欧亚草原的"库尔干文化"，而墓主人正是驰骋欧亚草原的斯基泰人。据体质人类学研究，巴泽雷克古代居民属于欧罗巴人种，但是混有蒙古人种成分。

就目前所知，阿尔泰语系民族最古老的文化是公元前 2400 年—前 2300 年广布阿尔泰山至南西伯利亚的奥库涅夫文化，该文化的创造者属于蒙古人种。"斯基泰·西伯利亚野兽纹"艺术的老虎纹，就源于古老的奥库涅夫文化（G. A. Popescu, A. Alekseev and Ju. Piotrovskij, 2001, p.137）。

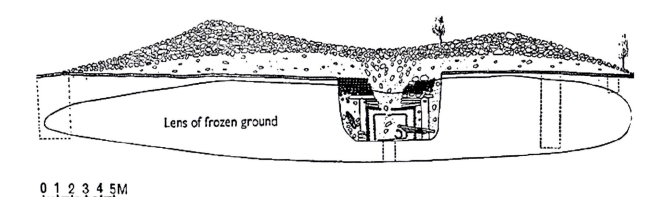

图 316 巴泽雷克 2 号墓剖面图

Cross section of Pazyryk tomb 2

第四章 张骞通西域前的丝绸之路

巴泽雷克古墓随葬金银器早就被盗掘一空。1716年，俄国西伯利亚总督加加林（M. P. Gagarin）公爵献给彼得大帝的"西伯利亚宝藏"（亦称"彼得大帝宝藏"），有些可能出自巴泽雷克墓地，如双翼怪兽噬马纹金带具、有翼双羊金手镯、透雕圆形金盒，以及透雕双龙纹金带具等。尽管墓地早年惨遭盗掘，但墓中反映阿尔泰山古代游牧人日常生活的随葬品得以保留，包括各种铜器、铁器、角器、木器、皮革、毛织品、丝织品、4具木乃伊、3具人骨、54匹马或马骨骼，尤其是格里芬咬斗山羊纹毛织马鞍鞯（图317）令人印象深刻。狮子古称"狻猊"，源于波斯人对狮子的称谓。巴泽雷克1号墓出土波斯狮子纹地毯（图321），与古波斯狮子纹金饰件的狮子纹（图319）如出一辙，说明狮子的艺术形象是斯基泰人从阿尔泰山传入中国的。

| 图317 巴泽雷克1号墓出土格里芬咬斗山羊纹毛鞍鞯，艾尔米塔什博物馆藏|
Saddle cover depicting a griffin attacking a goat. Second riding outfit, Pazyryk barrow no. 1, ca. 305-288 BCE, Hermitage Museum

| 图 318 西西伯利亚的托木斯克出土战国羽状地纹四叶镜（左）与巴泽雷克 6 号墓出土四山纹镜（右）|

Bronze mirror decorated with feathered vegetal designs from the Tomsk region (left);
Bronze mirror with a four mountains design, Warring States. Excavated from Tomb 6 of the Pazyryk cemetery site. Held in the Hermitage Museum(right)

| 图 319 古波斯狮子纹金饰件，纽约大都会艺术博物馆藏 |

Ancient Perisan gold oranaments in the the form of lion heads. Held in the Metropolitan Museum of Art, New York

阿尔泰山古代游牧人与欧亚大陆其他民族有着广泛的联系，如良马、拉绒毛毯（图317）等来自中亚草原。波斯艺术母题的器物来自古波斯帝国，如巴沙德尔2号墓老虎纹木棺，就模仿古波斯艺术狮子噬牛，只是改为中亚草原文化的老虎噬羊（图320）。而凤鸟纹刺绣和山字纹镜则产自长江流域的楚国（邓秋玲，2003年，第60-66页）。四山纹镜出自巴泽雷克6号墓，仅存半个铜镜，现藏圣彼得堡艾尔米塔什博物馆（图318右）。山字纹铜镜是战国最流行的镜种，特别是四山镜出土数量最多，在湖南地区发掘楚墓所获铜镜中，它占70%—80%（孔祥星、刘一曼，1984年，第30-33页）。早在公元前4世纪，楚国铜镜就已经走向世界。俄罗斯西西伯利亚托木斯克州发现过一面战国羽状地纹四叶镜（图318左），与湖南资兴战国中期墓出土羽状地纹四叶镜相似（孔祥星、刘一曼，1992年，第24页）。这是目前所知战国时代西传最远的中国铜镜。

一、巴泽雷克墓地与中国出土的腓尼基玻璃珠

图 320 巴沙德尔 2 号墓老虎纹木棺，俄罗斯戈尔诺阿尔泰博物馆藏
Coffin with carved tigers from Tomb 2 at Bashadar, Gorno-Altaysk Museum, Russia

第四章 张骞通西域前的丝绸之路

1993年，奥地利科学家鲁别克（G.Lubec）等学者在《自然》杂志发表了一篇论文，题为《丝绸在埃及的使用》。据说他们用电子显微扫描技术在古埃及21王朝木乃伊上发现了丝绸痕迹。如果这项研究成立，那么，早在公元前1000年丝绸就传入埃及了（G. Lubec et al. 1993）。不过，古埃及木乃伊上丝绸痕迹至今仍是一个孤证，目前尚无其他材料足以说明丝绸西传早于巴泽雷克墓地出土的战国丝绸。

1981年，湖北江陵马山1号楚墓发现大批丝绸和刺绣，丝绸衣物共35件，按织造方法和组织结构，可以分为绢、绨、纱、罗、绮、绵、绦、组八类，其中刺绣有21幅，历经2000多年，仍色泽如新（湖北省荆州地区博物馆编，1985年）。江陵马山1号楚墓的发现，对中国丝织史和刺绣史研究，具有划时代意义。巴泽雷克巨石冢发现了两件楚国丝绸：其一为巴泽雷克3号墓所出大几何纹二色锦残片，与湖北江陵马山1号墓出土大几何纹二色锦相同；另一件是巴泽雷克5号墓出土马鞍褥面上凤鸟纹刺绣，与马山1号墓出土凤鸟纹刺绣如出一辙（图322-323）。由此可见，战国时代中国艺术代表之一的楚国艺术，率先走向世界。

图321 巴泽雷克1号墓出土波斯狮子纹地毯，艾尔米塔什博物馆藏

Carpet with Persian lion pattern, excavated from Tomb 1 of the Pazyryk cemetery site. Held in the Hermitage Museum

图322 湖北江陵马山1号墓出土战国丝绸

Silk robe excavated from a Warring States tomb in the Jiangling Site, Hubei

图323 巴泽雷克5号墓出土战国丝绸马鞍鞯，艾尔米塔什博物馆藏

Detail of a silk cover for a felt saddle-cloth, Chinese origin. Pazyryk, Altai, Barrow 5, 252-238 BCE, fifth riding outfit. Embroidered silk. Hermitage Museum

一、巴泽雷克墓地与中国出土的腓尼基玻璃珠

战国时代，中国丝绸和漆器生产中心在楚国郢都（今湖北江陵纪南城）。巴泽雷克5号墓所出漆盒残片，与湖北云梦睡虎地战国墓出土北斗七星纹漆盒图案相同（图324）。公元前278年，秦将白起拔郢，楚国青铜器、丝绸和漆器生产中心皆毁于一旦。江陵凤凰山的几座西汉墓出土了一些漆器，与楚式漆器有相似之处，但这些漆器上面清晰地标有"成市草""成市泡"等字样。成市即成都市府的简称，说明秦军攻占郢都后，郢都制漆业受到严重摧残，而秦汉时代中国漆器生产中心从郢都转移到了成都（肖璇，2005年，第62—63页）。

图324 战国北斗七星纹漆盒与巴泽雷克5号墓出土漆器残片

Lacquer ware box with a design showing the seven northern constellations and fragments of a similar box excavated from the Pazyryk cemetery site. Held in the Hermitage Museum, St. Petersburg

图325 巴泽雷克5号墓出土波斯王后与香炉地毯特写

Detail of a covering for a felt saddle-cloth (shabrack), Pazyryk, Altai, Barrow no. 5, ca. 252-238 BCE. Hermitage Museum

巴泽雷克5号墓出土了一块波斯艺术风格的地毯，织有吕底亚贵妇站在香炉旁祈祷图（图325）。这两位吕底亚贵妇衣着打扮与土耳其西部曼亚斯出土吕底亚墓碑中的贵妇如出一辙（图326）。牛津大学墨顿学院杰西卡·罗森（Jessica Rawson）教授在《祖先与永恒》（邓菲等译，三联书店，2011）一书中以此为据，认为汉代博山炉的产生受波斯香炉影响（图327-328），而斯基泰人充当了中国与波斯之间文化交流的媒介。

333

| 图 326 吕底亚墓碑吕底亚贵妇宴饮图 |

Bas-relief from a Lydian tomb showing a Lydian lady feasting

一、巴泽雷克墓地与中国出土的腓尼基玻璃珠

| 图 327 秦国雍城出土战国青铜香炉 |

Bronze incense burners decorated with birds. Qin Dynasty, excavated from the Yongcheng site

| 图 328 青海大通县东汉匈奴墓出土立鸟香笼 |

Bronze incense burners decorated with birds. Eastern Han Dynasty excavated from the Hun site in Datong County, Qinghai

一、巴泽雷克墓地与中国出土的腓尼基玻璃珠

| 图329 波斯波利斯王宫浮雕波斯王与吕底亚香炉,德黑兰伊朗国家考古博物馆藏 |
Bas-relief showing a Persian King with Lydian incense burners, National Archaeological Museum, Tehran

第四章 张骞通西域前的丝绸之路

自古以来,美索不达米亚就有熏香的文化传统,香炉很早就在西亚被广泛使用。带盖香炉首先在安纳托利亚的赫梯帝国出现,随后为两河流域亚述帝国和古波斯帝国所传承。波斯波利斯金库浮雕有一位米底贡使,正站在两个波斯香炉之前,觐见波斯王大流士和薛西斯王子(图329)。土耳其西部吕底亚古墓发现过类似的银香炉,盖上有一只公鸡,现藏乌沙克考古博物馆(图331)。巴基斯坦西部还发现一件印度—斯基泰王国牡鹿香炉,年代约在公元前2世纪(图330)。这个发现再次说明斯基泰人在香炉东传过程中做出过重要贡献。

图 330 印度—斯基泰王国牡鹿青铜香炉,美国私人藏品

Scythian incense burner lid, decorated with a stag. Held in an American private collection

中国古代使用茅香熏香,将熏香草或蕙草放在豆式香炉中直接点燃,虽然香气馥郁,但烟气太大。西方使用乳香等树脂类香料,下置炭火,用炭火将树脂类香料点燃,香味浓郁,基本上无烟气。战国以来,西域树脂类香料和西方熏香之俗传入中国,改变了中国传统的熏香方法,新型熏香炉应运而生。

图 331 吕底亚宝藏的银香炉

A Lydian incense burner

1995年，陕西凤翔县雍城遗址西部姚家岗宫殿遗址出土了一件战国凤鸟纹镂空熏香炉，由覆斗形底座、空心斜角方柱和带衔环凤鸟的椭球形炉体三部分组成。覆斗形底座纹饰为一次铸成的镂空高浮雕图案，四个正立面纹饰相同，构图可分上下两层，每面有三只虎纹（图327）。高34厘米，底座边长18.5厘米，盖上有一立鸟，现藏陕西凤翔博物馆（林梅村，2012年，第46—55页）。中国在香炉盖上塑造立鸟的习俗一直沿用到东汉时期，青海大通县东汉匈奴墓出土的立鸟香笼（图328），与吕底亚香炉一脉相承。

早在战国时代，阿尔泰山的斯基泰人与中国黄河、长江流域的古代居民已有贸易往来。其中一个重要证据就是两地出土的蜻蜓眼玻璃珠。这类玻璃珠皆为钙钠玻璃，与中国本土的铅钡玻璃不同，原产地在埃及和地中海东岸的腓尼基。巴比伦一座古波斯少女墓出土过一个蜻蜓眼纹玻璃壶，与古埃及十八王朝蜻蜓眼纹玻璃残片工艺相同（图332），伊朗吉兰地区古波斯墓葬也出土过一条蜻蜓眼玻璃珠项链（图335）。凡此表明，腓尼基人是蜻蜓眼玻璃珠的创造者，而古波斯帝国统治下的斯基泰商人是蜻蜓眼玻璃珠的早期传播者。

| 图332 古波斯蜻蜓眼纹玻璃壶及残片（左）与古埃及十八王朝蜻蜓眼纹玻璃残片（右） |
Left: Ancient Persian vessel glass decorated with eye designs. Right: fragment of glass decorated with eye designs dating to the Ancient Egyptian 18th Dynasty

类似的蜻蜓眼玻璃珠在甘肃张家川马家塬战国墓地、河北平山战国中山王墓亦有发现。此类蜻蜓眼玻璃珠整体尺寸很小，直径与高度都不超过1厘米，基体一般为浅绿色或灰白色，6枚眼纹按3枚一组分别装饰于两排白色条带纹之上，眼纹由钴蓝色"瞳孔"和白色、深褐色眼圈交替排列组成。在以往的研究中，多认为该型玻璃珠产地为伊朗、西亚或埃及。不过，甘肃张家川马家塬战国墓出土2件蜻蜓眼玻璃珠的LA-ICPMS微损分析表明，其化学成分均为低镁低钾的泡碱钠玻璃，说明其产地应在幼发拉底河以西腓尼基地区（林怡娴，2018年，第71页）。

| 图 333 河北博物馆藏中山王陵出土的蜻蜓眼玻璃珠 |
Glass bead with eye designs excavated from the Zhongshan Royal tomb complex, Hebei

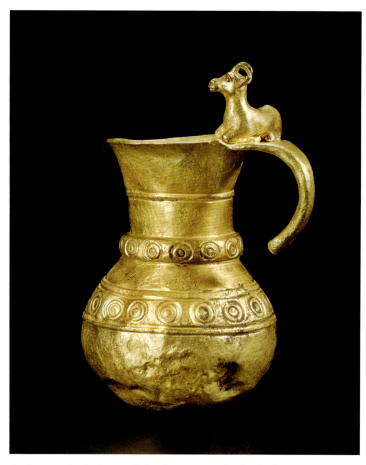

俄罗斯和日本考古队在黑海北岸斯基泰古墓和伊朗吉兰地区古波斯墓葬皆发现腓尼基玻璃珠（图335）。蜻蜓眼玻璃珠对古波斯金银器装饰艺术亦产生重要影响，如香港企业家藏古波斯山羊柄蜻蜓眼纹金壶（图334）。河北平山战国中山王陵出土的蜻蜓眼玻璃珠与之相同（图333）。近年阿尔泰山巴泽雷克一座公元前4世纪古墓发现一串腓尼基蜻蜓眼玻璃项链（图336），与山西太原金胜村赵卿墓、河南淅川县楚墓（图337）和湖北随县曾侯乙墓发掘品（图340）相同。这就清楚地表明，从楚国郢都、经周天子之都洛邑、山西北部至阿尔泰山，有一条古老的东西交通路线。

| 图 334 古波斯山羊柄蜻蜓眼纹金壶（香港私人收集品），壶高 16.5 厘米，口径 7 厘米，重 365 克 |
Achaemenid golden ewer with goat handle(Private collection in Hongkong). H. 16.5cm, Opening Diam. 7cm, Weight. 365g

| 图 335 伊朗吉兰古波斯墓出土腓尼基玻璃珠 |
Glass bead necklace excavated from an ancient Persian Tomb in Gilan, Iran

一、巴泽雷克墓地与中国出土的腓尼基玻璃珠

图336 阿尔泰山北麓巴泽雷克古墓出土腓尼基蜻蜓眼玻璃珠项链

Phoenician eye glass bead necklace excavated from the ancient tomb of Bazelak at the northern end of the Altai Mountains

图337 河南淅川县徐家岭战国楚墓出土腓尼基玻璃珠，河南省文物考古所藏品

Phoenician glass beads excavated from a Chu Tomb in the Xujialing site, Warring States Period. Xichuan County, Henan Province

图338-339 洛阳西工区战国墓出土镶嵌蜻蜓眼玻璃珠的山字纹镜

Eye beads set into a bronze mirror with a mountainous design excavated from a Warring States tomb in Xigong Qu, Luoyang

1987年，河南洛阳市中州路一座战国墓出土了9颗腓尼基蜻蜓眼玻璃珠，原为一条玻璃珠项链。河南洛阳西工区战国墓还发现两面镶嵌蜻蜓眼玻璃珠的战国铜镜（图338-339）。据发掘简报描述，这两面铜镜形制、大小、纹饰基本相同，镜背间饰18枚嵌料珠或包金箔的梅花形乳钉（黄吉博，1999年，第4—13页）。现存河南洛阳博物馆。据高西省、杨国庆观察，二者装饰工艺并不相同。前者镶嵌18颗蓝、白同心圆组成的梅花状玻璃珠，其中几个珠子上的眼是以深蓝色透亮的玻璃珠镶嵌的；后者嵌20颗包金箔料珠及饰梅花状蓝、白色同心圆纹玻璃珠，出土时绝大多数缺失，其中一枚未包金箔的嵌蜻蜓眼的玻璃珠至今透亮，具有光泽（高西省、杨国庆，2007年，第51—61页）。

第四章　张骞通西域前的丝绸之路

湖北随县曾侯乙墓出土过一个腓尼基玻璃珠项链（图340），与纽约大都会艺术博物馆藏腓尼基玻璃珠项链相同（图341），说明公元前4世纪长江流域与阿尔泰山之间的商路业已开通。

| 图340　湖北省博物馆藏曾侯乙墓出土战国蜻蜓眼玻璃项链，最大径2.5厘米 |
Eye bead necklace dating to the Warring States Period excavated from the Tomb of Zenghouyi. Held in the Hubei Museum, with a maximum diameter of 2.5cm

| 图341　古波斯帝国腓尼基蜻蜓眼玻璃珠，纽约大都会艺术博物馆藏 |
Persian eye bead necklace, held in the Metropolitan Museum of Art, New York

二、天山南北

天山是古波斯帝国到阿尔泰山的必经之地，近年天山中部伊犁河流域发现了大批古波斯和斯基泰文化遗物。例如：伊犁出土斯基泰人青铜像，高 11 厘米（新疆私人收集品，图 342）；新疆阿勒泰采集的斯基泰人小石像，高 16.5 厘米，现藏于阿勒泰市博物馆（图 343）。这些斯基泰人形像与贝希斯敦铭文浮雕中的斯基泰人（图 344）极为相像。

| 图 342 伊犁出土斯基泰人铜像，伊犁地区征集，为一铜器的器盖，通高 11 厘米、宽 10.6 厘米（新疆收藏家石刚藏品）|
Bronze lid in the shape of a Scythian. Acquired from the Yili area, H. 11, W. 10.6 cm（祁小山、王博，2016 年，第 49 页，图 3）

| 图 343 阿勒泰地区出土斯基泰人小石像，新疆阿勒泰市征集，通高 16.5 厘米，宽 6.7 厘米 |
Stone figurine of a Scythian. Acquired from Altay City. H. 16.5, W. 6.7 cm. Warring States Period（祁小山、王博，2008 年，第 229 页，图 8）

第四章　张骞通西域前的丝绸之路

图 344　贝希斯敦铭文浮雕上尖帽斯基泰俘虏（右一）

The Scythian captive wearing a pointed hat, in rock relief of the Behistun inscription

二、天山南北

345

1983年，伊犁河支流巩乃斯河畔发现一批斯基泰艺术风格的窖藏青铜器，发现者把年代定在公元前5—前3世纪。这批青铜器一共六件，除了青铜神像、铜铃和青铜容器之外，还有两件大型对兽纹青铜项圈，器型与阿姆河宝藏双翼牛金手镯如出一辙（图345-346）。这两件青铜项圈直径皆在50厘米以上，正如研究者指出的，应是斯基泰人绞杀牺牲的刑具。

有翼神兽（griffin）是古波斯艺术的重要题材（图370），经斯基泰商人在丝绸之路上的活动传入中国，如新疆乌苏四棵树战国古墓出土格里芬金饰件（图369），新疆木垒县出土战国时期青铜有翼神兽（图351）和河北平山战国中山王墓出土有翼神兽（图350）。

| 图345 斯基泰青铜双翼牛项圈，1983年伊犁新源县七一团渔塘附近遗址出土，直径38厘米（祁小山、王博，2008年，第255页，图5）|

Bronze collar decorated with two winged bulls. Excavated from a tomb near the 1st Company of 71st Regiment to the south bank of R. Kunas, Xinyuan County in 1983. Diam. 38cm

| 图346 阿姆河宝藏双翼牛金手镯，大英博物馆藏|
Gold bracelets decorated with winged bulls. the Oxus treasure, held in the British Museum

关于斯基泰牺牲典礼，古典作家希罗多德在《历史》中记载："他们虽然随时随地奉献各种牺牲，但是献祭的方式都是一样的。……他们把一个绳索套到牺牲的脖子上，绳索里插进一根小木棍用来扭紧绳圈，以便把牺牲绞杀"（希罗多德，2013年，第286页）。至于牺牲的种类，希罗多德《历史》介绍说："他们把各种畜类用作牺牲，而最常用的是马"（希罗多德，2013年，第287页）。

关于斯基泰的马祭，希罗多德写道："如果身边备有当地出产的锅，他们就把肉放到锅里，这种锅酷似列斯堡人的混酒钵，只不过前者比后者要大些"（希罗多德，2013年，第287页）。斯基泰人煮马的"大锅"，当即巩乃斯斯基泰窖藏出土的三足铜锅，在巴基斯坦印度—斯基泰文化遗址发现过类似的三足青铜锅，而新疆孔雀河畔营盘古城发现的则是三足铁锅。20世纪初，在南俄草原Chertomlyk斯基泰古墓出土了一个安佛拉银罐，年代在公元前4世纪。这个希腊艺术风格的银罐上有斯基泰人举行马祭的连环画式浮雕，内容正是希罗多德描述的斯基泰人举行马祭的场景（图347A-B）。

在巩乃斯青铜器群中，最重要的发现莫过于青铜武士像。通高40厘米，深目高鼻，头戴希腊头盔，半蹲在地上，双手握兵器。正如研究者指出的，这尊铜像应该是希腊战神阿瑞斯神像（图348）。在希腊文化影响下，欧亚草原的斯基泰人崇祀希腊诸神，但是他们只为战神阿瑞斯造像。据希罗多德《历史》（IV.59-62）记载，"除了阿瑞斯的崇拜之外，他们对其他诸神均不用神像，不设祭坛，不建神庙，他们对阿瑞斯神的崇拜却要用这些东西"（希罗多德，2013年，第286页）。在希腊神话中，阿瑞斯是宙斯和赫拉之子以及阿芙罗多迪的情人，相当于罗马战神玛尔斯（Mars）。从艺术风格看，巩乃斯的阿瑞斯青铜像与古典艺术中的阿瑞斯像更为接近（图249）。例如：意大利佛罗伦萨考古博物馆（Archaeologic Museum, Florence）藏公元前570年阿瑞斯壁画，头戴希腊头盔，一手持矛，一手持盾，半蹲在地上。此外，巩乃斯青铜武士像的头盔与亚历山大父亲菲利普二世墓出土希腊头盔非常相似（图349），再次表明这批斯基泰艺术风格的青铜器，实乃公元前4世纪古波斯帝国时代的产物。

| 图347A 南俄草原Chertomlyk斯基泰古墓出土安佛拉银罐 |

Silver amphora excavated from a Scythian tomb in the southern Russian steppe

| 图 347B 南俄草原 Chertomlyk 斯基泰古墓出土安佛拉银罐（局部特写） |
Silver amphora excavated from a Scythian tomb in the southern Russian steppe (Detail)

| 图 348 新源希腊战神阿瑞斯青铜像：1983 年伊犁新源县七一团渔塘附近遗址出土，通高 40.8 厘米 |
Bronze figurines of Ares (god of war). L. Excavated from a tomb near the 1st Company of 71st Regiment to the south bank of R. Kunas, Xinyuan County in 1983

| 图 349 马其顿王菲利普二世青铜头盔（复制品） |
Bronze Helmet of King Philip II of Macedonia (Replica)

在斯基泰文化影响下，蒙古草原的匈奴人似乎也铸造过希腊战神阿瑞斯像。《史记·匈奴列传》记载：汉武帝元狩二年（公元前121年）"春，汉使骠骑将军去病将万骑出陇西，过焉支山千余里，击匈奴，得胡首虏万八千余级，破得休屠王祭天金人。"关于这尊金人的来龙去脉，三国时孟康著《汉书音义》说："匈奴祭天处本在云阳甘泉山下，秦夺其地，后徙之休屠王右地，故休屠王有祭天金人象（像），祭天主也。"由此可知，这尊金人像本来在甘泉山义渠戎神庙内，秦军击败义渠后，随义渠一起从甘泉山迁到漠北休屠王右地。霍去病很可能在休屠王宗庙中缴获这尊金人像（林梅村，2006年，第83页）。

|图350 河北平山战国中山王墓出土有翼神兽|
Winged beast, Warring States. Excavated from the Zhong Shan Royal burial complex, Pingshan, Hebei

|图351 战国时期青铜有翼神兽，长11厘米，高4.8厘米，重146克。1981年新疆木垒县东城乡出土，昌吉回族自治州博物馆藏|
Winged beast, Warrinng States. H. 4.8 cm, L. 11 cm, 146 g. Excavated from Mulei County, Xinjiang. Held in the Changji museum

现代分子生物学研究表明，世界各地的家驴有着共同的祖先，皆源于非洲野驴。公元前 5 世纪，家驴传入印度河谷，如古波斯帝国波斯波利斯王宫郡国使贡图有印度使团贡驴浮雕（图 352）。先秦文献不见"驴"字，只提到北方草原有骡、駃騠等"奇畜"。早在商代，家马就传入中国，而野驴和家马可以杂交后代，那么商周青铜器的騳簋、盠驹尊的騳驹，以及蒙古草原的骡、駃騠皆为野驴和家马杂交牲畜。甘肃放马滩战国秦简可证先秦文献的"间"即驴字，本指骡子，其名或源于古藏语 drel（骡子），家驴传入中国后改指毛驴。

图 352 波斯波利斯阿巴达纳王宫东踏道印度使团进贡毛驴
Bas-relief from the Apadana, Persepolis showing the Indian envoy bringing a donkey as tribute

图 353 伊犁特克斯草原出土狮子噬驴骨牌饰，约公元前 5—前 3 世纪
Belt plaque decorated with a lion biting a donkey, dated c. 5-3 BC, excavated from the Tekes Grasslands, Yili prefecture

早在公元前 2000 年，山羊就传入中国，成为古代中国六畜之一。不过，伊犁新源县康苏乡采集铜山羊头饰件（图355）的造型颇似古波斯艺术（图357）。家驴传入中国年代较晚。伊犁特克斯草原出土斯基泰风格的狮子噬驴纹骨牌饰（图353）、新疆阿合奇县游牧人古墓出土毛驴金饰件（图354），说明公元前 5 世纪家驴才传入天山地区（图357-359）。家驴传入中国内地的确切证据在汉武帝时期，一方面来自汉朝与匈奴争夺西域的战利品（图356），另一方面则与粟特商人在汉代丝绸之路南道的贸易活动直接相关（林梅村，2018年，第80-93页）。

图354 新疆阿合奇县库兰萨日克古墓出土毛驴金饰件，约公元前5世纪，长5厘米、高4.5厘米

Gold donkey figurine. Excavated from the Kulansarike tomb, Aheqi County, L.5, H. 4.5cm. c. 5th century BC.（祁小山、王博，2008年，第170页，图3）

图355 新疆新源县康苏乡采集古波斯铜山羊头饰件

Ancient Persian bronze goat head ornaments found in Kangsu, Xinyuan County, Xinjiang

图356 纽约大都会艺术博物馆藏鄂尔多斯类型毛驴银带扣

Silver buckle in the shape of a horse. Ordos type, 4th-3rd c. BCE. The Metropolitan Museum of Art, New York (Emma C. Bunker et al., 2002, p.129)

第四章 张骞通西域前的丝绸之路

图357 波斯波利斯哈迪失王宫四方贡使浮雕米底使团贡奉山羊

Bas-relief from the Hadish showing a Median bringing a goat as tribute

图358 新疆特克斯县齐勒乌泽克乡出土羚羊形青铜马挽具，通长7厘米，环径4.8厘米

Bronze buckle in the shape of a gazelle. Excavated from Qilewuzeke township, Tekes County, Xinjiang. L.7, Diam. 4.8 cm（祁小山、王博，2008年，第244页，图1）

图359 卢里斯坦羚羊形青铜马挽具，纽约大都会艺术博物馆藏

Bronze harness decoration in shape of a gazelle from Luristan, the Metropolitan Museum of Art, New York

二、天山南北

图360 艾尔米塔什博物馆藏古波斯象牙对狮剑首
Double lion headed ivory sword pommel of ancient Persia, held in the Hermitage Museum

图361 新源县康苏乡出土鎏金对狮铜剑首，高2.5厘米、宽5厘米
Double lion headed bronze sword pommel. Excavated from Kangsu Township, Xinyuan County. H. 2.5, W. 5 cm.（祁小山、王博，2008年，第244页，图3）

图362 波斯波利斯阿巴达纳王宫对狮石柱头
Double headed lion pillar capital from the Apadana, Persepolis

353

1976—1977年，新疆社会科学院考古研究所在乌鲁木齐市南山矿区阿拉沟竖穴木椁墓发现战国漆器残片和龙凤纹刺绣残片（新疆社会科学院考古研究所，1981年，第18-22页）。从照片看，漆器残片当为楚国产北斗七星纹漆盒盖残片（图363），而龙凤纹刺绣残片与江陵马山1号楚墓出土龙凤纹刺绣相同（图364）。

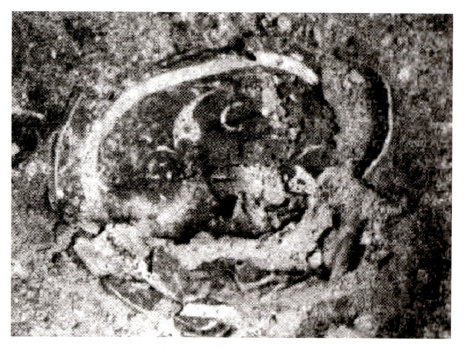

| 图363 新疆阿拉沟木椁墓出土楚国北斗七星漆盒残片 |

Lacquer-ware box with a design showing the seven constellations of the northern heavens. Excavated from the Muguo Tomb in Alagou, Xinjiang

| 图364 阿拉沟木椁墓出土楚国龙凤纹刺绣残片，残长17厘米、宽17厘米（祁小山、王博，2008年，第131页）|

Chu embroidery with dragon and phoenix pattern. Excavated from the Alagou timber tomb, south of Urumqi. L.17, W. 17 cm

狮子为中国所无，斯基泰人将其从古波斯传入阿尔泰山，再经天山阿拉沟、鄂尔多斯，最后传入中原地区（图360-362）。例如：内蒙古伊金霍洛旗石灰沟出土战国时期银狮子饰件（内蒙古博物院藏，图368A），鄂尔多斯出土青铜狮子饰件（图368B）。其艺术造型与阿巴达纳王宫浮雕狮子一脉相承（图367）。

阿拉沟竖穴木椁墓发现40余件动物纹金银饰片，轻薄如纸，形状有狮子形（图365-366）、盾形、六角形、菱花形等，与巴泽雷克古墓出土波斯地毯的狮子纹如出一辙。狮子古称"狻猊"，最早见于先秦小说《穆天子传》。据考证，"狻猊"一词源于斯基泰语，如于阗塞语表示狮子的词 sarvanai 或 sarauna（林梅村，1998年，第49页）。

| 图365 新疆乌鲁木齐阿拉沟木椁墓出土金箔狮子，1976年出土于乌鲁木齐市南山矿区的阿拉沟30号墓，长20厘米、宽11厘米|
Lion-shaped gold plaque. Excavated from M30 of the Alagou timber tomb, the Nanshan mine area, Urumqi. L.20, W. 11 cm（祁小山、王博，2008年，第130页，图2）

| 图366 新疆乌鲁木齐阿拉沟木椁墓出土金箔狮子，1976年出土于乌鲁木齐市南山矿区的阿拉沟30号墓，长20厘米、宽11厘米|
Lion-shaped gold plaque. Excavated from M30 of the Alagou timber tomb, the Nanshan mine area, Urumqi. L.20, W. 11 cm（祁小山、王博，2008年，第130页，图2）

第四章 张骞通西域前的丝绸之路

| 图 367 波斯波利斯阿巴达纳王宫狮子噬牛浮雕 |

A bas-relief of a lion and a bull fighting on the staircase of Apadana in Persepolis

| 图 368:A 鄂尔多斯战国时期狮子噬羊银饰件；
B 鄂尔多斯战国时期狮子噬羊青铜饰件 |

A silver and a bronze ornament both showing a lion attacking a sheep. Excavated in different contexts from the Ordos region. Warring States period（孙建华编，2007 年，第 61 页；Emma C. Bunker et al., 2002, p.121）

二、天山南北

| 图369 新疆乌苏四棵树战国古墓出土（左）与阿姆河宝藏格里芬金饰件（右）|
Gold ornament depicting a griffin. Left: Warring States, Sikeshu Tomb, Wusu, Xinjiang. Right: From the Oxus treasure

| 图370 波斯波利斯万国之门附近双头格里芬石柱头|
Double headed griffin pillar capital near the Gate of all Nations, Persepolis

琐罗亚斯德教为古波斯帝国国教,并随着波斯帝国的扩张而不断向四方传播,甚至传入新疆塔里木盆地。新疆托克逊县阿拉沟木椁墓出土了一个祆教青铜祭坛,类似的祭坛在哈萨克斯坦伊塞克金人墓地亦有发现(图371-372),与古波斯帝陵浮雕上的火坛(图373)如出一辙,年代皆在公元前5—前4世纪。贝希斯敦铭文(V.30-33)记载:"大流士王说:这些斯基泰人是不义之人,他们不信阿胡拉·玛兹达。我崇拜阿胡拉·玛兹达。靠阿胡拉·玛兹达之佑,我惩罚他们一任己意"(李铁匠,1992年,第49页)。可知斯基泰人信仰祆教在大流士一世平定尖帽斯基泰人叛乱之后。

| 图371 阿拉沟木椁墓出土青铜火祆教祭坛,1976年出土于乌鲁木齐市南山矿区的阿拉沟20号墓,高32厘米、边长29.5厘米 |
Bronze altar excavated from M20 of the Alagou timber tomb, Nanshankuang Qu, Urumqi. H. 32 cm, Side length of the tray 29.5 cm(祁小山、王博2008年,第131页,图6)

| 图372 哈萨克斯坦伊塞克斯基泰墓地采集火祆教青铜祭坛 |
Bronze altar found in the Scythian cemetery of Issyk, Kazakhstan

| 图373 帝王谷薛西斯一世墓浮雕火祆教祭坛 |
Bas-relief carving from the Tomb of Xerxes I showing Zoroastrian fire altar

二、天山南北

古代波斯与中国的文化交流，更为突出地表现在青铜战斧方面，比如新疆米兰出土靴形战斧亦见于纽约大都会艺术博物馆和大英博物馆藏青铜战斧（图375-377），与卢里斯坦出土古波斯早期米底战斧一脉相承（图374）。另外，吐鲁番艾丁湖古墓出土双牛头金剑首与南俄草原斯基泰古墓出土双牛头金剑首（图378-379）如出一辙，皆源于古代波斯艺术。

| 图374 卢里斯坦发掘出土米底战斧 |
Median ax excavated in Luristan

| 图375 新疆米兰出土靴形青铜斧 |
Boot shaped ax excavated in Milan, Xinjiang

| 图376 大英博物馆藏战国时期靴形动物纹战斧 |
Ax decorated with cast and embossed animals. Warring States. British Museum, London

| 图377 纽约大都会艺术博物馆藏鎏金铜斧，宽17.1cm |
Gilded bronze ax, the Metropolitan Museum of Art, New York

| 图 378 吐鲁番艾丁湖古墓出土双牛头金剑首，吐鲁番博物馆藏，通高 3.5 厘米，宽 6 厘米 |

Double bull-headed gold pommel. Excavated from a tomb near Lake Aidingkol, H. 3.5, W. 6 cm（祁小山、王博，2008 年，第 122 页，图 4）

| 图 379 南俄草原斯基泰古墓出土双牛头金柄铁剑，艾尔米塔什博物馆藏 |

Gold sword hilt with double bull head design, excavated from a Scythian tomb in the southern Russian Steppe. Hermitage Musuem

三、中西方文明的最初交往

敦煌出土粟特古信札和《大秦景教流行中国碑》叙利亚碑文皆称长安为 Khumdan（库姆丹）。英国学者亨宁（W. B. Henning）、日本学者高田时雄、法国学者魏义天（Étienne de la Vaissière）一致认为，其名源于秦都"咸阳"，汉朝定都长安后才改指长安（高田时雄，2010年，第965-976页）。秦孝公十三年（公元前349年），秦国自栎阳徙都咸阳，那么，据此推断公元前4世纪就有斯基泰商人来秦都咸阳经商了。敦煌出土粟特古信札还称中国为 čīnastan（支那斯坦）。亨宁认为，其名意为"秦之国土"（W. B. Henning, 1948, p. 608）。

张骞通西域以前，中亚就有许多中国移民，时称"秦人"。太初三年（公元前102年），李广利第二次伐大宛，攻城前先断水断粮。前方报告："闻宛城中新得秦人，知穿井，而其内食尚多。"《汉书·匈奴传上》记载："穿井筑城，治楼以藏谷，与秦人守之。"颜师古注："秦时有人亡入匈奴者，今其子孙尚号秦人。"秦人是西域人对中原汉族人的称呼，那么，战国时代就应有秦国人移居西域和蒙古草原（方诗铭，1979年，第37-39页）。

粟特人称中国为 čīnastan 源于印度人对中国的称呼 cīna（支那）。印度孔雀王朝月护大王有个侍臣，名叫乔底厘耶（Kauṭilīya）。公元前4世纪末3世纪初，他写了《政事论》（Arthaśāstrawritten）一书（或译《治国安邦论》）。该书有这样一句话：kauśeyam cinapaṭṭaśca cinabhumijah；意为"乔奢耶（指印度野蚕丝）和产生在支那的成捆的丝"。cinapaṭṭaśca 由两个字组成，一个是 cina（支那），另一个是 paṭṭa（条带），整个词意思是"中国的成捆的丝"。这部印度古籍明确提到"出产在支那的成捆的丝"。故季羡林认为"至迟在公元前4世纪中国丝必已输入印度"（季羡林，1955年，第75-77页；季羡林，1982年，第74-78页、第113-114页）。斯基泰古墓出土印度蚀花石髓珠（图380），可证公元前5世纪丝绸之路国际贸易也有印度人参与。

图380 斯基泰时代古墓出土玻璃珠与蚀花石髓珠
Glass beads and Etched Carnelian beads from a Scythian era tomb

第四章 张骞通西域前的丝绸之路

早在战国时代，就有秦国人移居西域，而身毒国（今巴基斯坦印度河东岸）与咸阳之间最便捷的通道是"北道酒泉抵大夏"之路，也即西域南道（今塔里木盆地南缘）。汉武帝曾经派人试图打通从巴蜀（图380），经昆明至印度之路，但未能成功，只有酒泉至大夏之路畅通无阻（司马迁，1959年，第3170-3171页）。英国考古学家斯坦因（M.A. Stein）在新疆和田沙漠遗址发现过5颗蚀花肉红石髓，年代在公元前3世纪至公元2世纪。1996年，中法考古队在于田克里雅河的圆沙古城进行考古发掘时，在古城内采集到若干颗蚀花肉红石髓珠。据夏鼐先生考证，蚀花肉红石髓是古代印度河文明特种工艺品，这个传统工艺在巴基斯坦一直传承到近代（夏鼐，1979年，第111页），可见战国至汉代印度与塔里木盆地南缘于阗国有一定贸易往来。

无独有偶，河南淅川下寺楚墓、云南石寨山西汉中期墓（图382右）、广州西汉晚期墓相继发现印度河的特产蚀花肉红石髓珠（赵德云，2011年，第68-78页）。正如法国考古学家杜德兰（Alain Thote）指出的，纹饰石髓管（即蚀花肉红石髓珠）发源于印度河流域哈拉帕文明；那里的艺术起源于公元前3000年，并且在印度西部一直延续至今。

| 图381 新疆且末扎洪鲁克墓地出土春秋战国时期棕色尖顶毡帽 |

Brown hats in woven and felted material, Warring States. Excavated from the Zhahongluke cemetery in Qiemo, Xinjiang

1902年，英国考古学家斯坦因（M.A. Stein）在新疆和田采集到许多公元前后的印度肉红石髓珠（图382左）。1994年，中法联合考察队在新疆北部"丝绸之路"上也偶然地发现了一件时代为公元前5世纪的这种类型的石髓管，那么，河南淅川下寺楚墓出土蚀花肉红石髓珠当来自印度河流域（杜德兰，1996年，第90页）。

新疆且末县扎洪鲁克战国时期刀形墓出土了一片古波斯毛织物残片（图383），所织城垛纹图案源于古波斯艺术，与波斯波利斯王宫城垛艺术和古波斯王金冠带城垛纹一脉相承（图384-385）。新疆且末扎洪鲁克墓地出土春秋战国时期棕色尖顶毡帽（图381），与尖帽斯基泰人的头饰如出一辙。这个发现说明古波斯艺术很可能是斯基泰人传入塔里木盆地的。

| 图382 新疆和田（左）与云南石寨山（右）出土蚀花肉红石髓珠 |

Agate beads excavated from sites in Khotan, Xinjiang (left) and Shizhaishan, Yunnan (right)

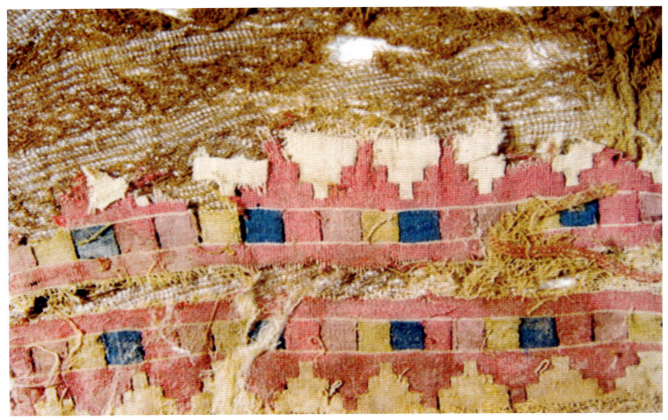

| 图383 新疆且末扎洪鲁克刀形墓出土战国时期城垛纹毛织物残片 |

Section of fabric with patterned crenulations. Excavated from a knife shaped tomb in the Zhahongluke cemetery, Qiemo, Xinjiang

第四章 张骞通西域前的丝绸之路

| 图 384 波斯波利斯阿巴达纳王宫北踏道的城垛 |
Battlements above a bas-relief caving on the staircase of Apadana Palace, Persepolis

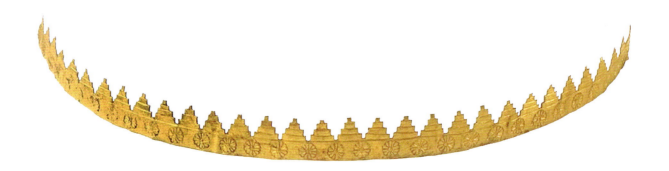

| 图 385 古波斯城垛纹金冠带 |
A gold crown band with Persian style battlement

焊金珠工艺起源于美索不达米亚文明。伊犁河乌孙古墓出土焊金珠戒指，亦为古波斯艺术影响下产生的艺术品（图386）。法国考古队在古波斯首府苏萨遗址发掘出土焊金珠首饰，现为巴黎卢浮宫展品（图387）。

图386 新疆伊犁乌孙墓出土红宝石焊金珠戒指（左）；
新疆巴州拜勒其尔古墓出土焊金珠金饰件（右）
Gold ring with an inset ruby unearthed from Wusun Tomb in Yili, Xinjiang, (left);
Agate bead set in a gold frame unearthed from Baileqier Tomb in Bazhou, Xinjiang, (right)

图387 苏萨遗址出土焊金珠首饰，古波斯时期（约公元前350年）
Gold beads from the Acropolis, Susa. Achaemenid period, ca. 350 BCE

箜篌是两河流域古代居民发明的一种乐器（图390），其名来自亚述语。箜篌之名始见于汉代文献，不过，在阿尔泰山北麓巴泽雷克2号墓和新疆且末县扎洪鲁克战国时期古墓皆发现箜篌实物（图388-389）。凡此表明，早在春秋战国时期箜篌就传入西域。

图388 巴泽雷克2号墓出土箜篌
Konghou(harp) from Barrow no. 2 of Pazyryk, Altai, 300-290 BCE

图389 且末扎洪鲁克古墓出土箜篌
Konghou(harp) from Zhahongluke cemetery, Qiemo, Xinjiang

| 图 390　大英博物馆藏亚述浮雕 |
Assyrian bas-relief held in storage of the British Museum

新疆哈密五堡古墓出土了一件漩涡纹皮囊,年代约在公元前7世纪(图391)。俄罗斯图瓦共和国阿尔赞2号墓出土金项圈的漩涡纹(图392)与之相同,说明两河流域古代艺术经新疆哈密传入南西伯利亚。

| 图391 新疆哈密五堡古墓出土漩涡纹皮囊,公元前7世纪 |

Leather pouch with embossed spiral designs, unearthed from Wubao Tomb in Hami, Xinjiang, 7th century BC(哈密博物馆,2013年,第52页)

| 图392 俄罗斯图瓦阿尔赞2号墓出土漩涡纹金项圈,公元前7世纪 |

Gold necklace with spiral designs unearthed from Tomb 2 of Tuva Alzan, Russia, 7th century BC

羚羊是西亚动物,春秋战国时期传入中国。新疆且末县扎洪鲁克战国时期刀形墓出土羚羊纹毛织物,以及新疆伊吾县拜其尔战国古墓出土青铜羚羊冠饰,为羚羊传入中国提供了考古实物材料(图393-394)。

| 图393 新疆伊吾县拜其尔古墓出土青铜羚羊 |
Bronze statue of an Oryx excavated from the Baiqier Tomb in Yiwu County, Xinjiang(哈密博物馆,2013年,第160页)

| 图394 扎洪鲁克刀形墓出土斯基泰风格的羚羊纹毛织物(祁小山、王博,2008年,第47页,图8) |
Woven woolen fabric with a pattern of Oryx heads. Excavated from a Scythian knife shaped tomb, Zhahongluke cemetery, Qiemo, Xinjiang

新疆和田山普拉丛葬墓出土古波斯树纹地毯图案，与伊拉克赫拉特出土萨纳特鲁克二世造像树纹长袍图案如出一辙，为探讨古波斯与中国的经济文化交流提供了又一考古学证据（图395-396）。

| 图395 和田山普拉丛葬墓出土古波斯树纹地毯，公元前5—前3世纪，新疆自治区博物馆藏 |

Ancient Persian carpet with a vegetal design, unearthed from the Shanpula graveyard in Khotan, ca. 5-3 B.C, held in the Xinjiang Museum

| 图396 伊拉克哈特拉出土萨纳特鲁克二世造像，巴格达伊拉克国家博物馆藏 |

Statue of Sanatruq II, from Hatra, lraq. National Museum of Iraq, Baghbad.

双峰驼起源于中亚大夏（Bactria），纽约大都会艺术博物馆藏有公元前3000-前2000年大夏—马尔吉亚纳文化青铜骆驼（图398）。战国时期，骆驼传入中国内地（图400-401），最早的骆驼文物见于罗布泊采集的战国时期青铜骆驼（图397）、湖北江陵望山2号墓出土战国双峰驼铜灯，以及秦始皇陵陪葬墓出土金骆驼（图399和401）。

|图397 新疆罗布泊西岸采集战国时期青铜骆驼|
Bronze camel found in the western shore of the Lop Nur depression

|图398 大夏铜骆驼，中亚巴克特里亚-马尔吉亚纳文化，公元前3000年至前2000年初，纽约大都会艺术博物馆藏品|
Bactrian camel, Copper Alloy, Central Asia (Bactria-Margiana), Late 3rd- 2nd millennium B.C

|图399 秦始皇陵陪葬墓出土金骆驼|
Gold Camel from Qin tomb near the Mausoleum of the first Qin emperor

第四章　张骞通西域前的丝绸之路

|图400　宁夏彭阳县出土春秋战国时期驼纹铜牌饰|

Bronze camel excavated from a Warring states context in Pengyang, Ningxia

|图401　湖北江陵望山2号墓出土战国双峰驼铜灯，荆州博物馆藏品|

Bronze Lamp in the form of a Bactrian Camel of the Warring States Period unearthed from Tomb No. 2 of Wangshan, Jiangling, Hubei Province. Held in the collection of Jingzhou Museum

四、中国出土古波斯银盒及古波斯风格的文物

《战国策·楚策一》记载了这样一则故事：纵横家张仪替秦国游说楚怀王（约公元前354-前296年）。楚怀王终于被说服，便派人给秦王送礼品，"乃遣使车百乘，献鸡骇之犀、夜光之璧于秦王"。鸡骇是一种印度宝石，学名"金绿宝石"（Chrysoberyl），梵语作 Karketana（猫眼石），主要产于斯里兰卡和南印度（图402）。这个故事说明公元前4世纪印度、楚国、秦国之间有一条古老的贸易商道（林梅村，2006年，第94-95页）。

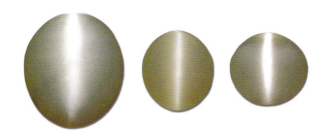

图402 印度著名宝石——猫眼石
Cymophane (Cat's eye), a precious stone prized in India

图403 南越王墓出土楚国六山纹镜
A bronze mirror with a six mountain design excavated from the tomb of the Nanyue King, Guangzhou（麦英豪等，2005年，第205页）

1983年广州象岗山南越王墓出土了一面战国时期六山纹铜镜（图403），当是战国晚期所铸楚镜而流入南越地区的，可知南越王墓随葬品有些年代在战国时期。南越王墓还出土了一件模仿古波斯羊首来通制作的青玉来通和一件古波斯裂瓣纹银盒（图404和406）。

| 图404 南越王墓出土模仿古波斯羊首来通制作的青玉来通 |

Jade rhyton excavated from the tomb of the Nanyue King（麦英豪等，2005年，第106页）

| 图405 艾尔米塔什博物馆藏古波斯绵羊首银来通 |
Silver rhyton. Achaemenid. L. 14.2 cm. Hermitage Museum, St. Petersburg

南越王墓出土裂瓣纹银盒，通高12.1厘米，口径13厘米，重572.6克。器底有后配的青铜圈足，器盖留出三个焊点，但未接钮。器上有汉文铭文（广州市文物管理委员会等，1991年，第209-210、312页）。此类银盒为古波斯金银器艺术代表作，如平山郁夫藏伊朗出土埃兰铭刻裂瓣纹银壶（图407）。波斯银盒所饰裂瓣纹在公元前7世纪亚述银碗上业已出现（图408），后经由斯基泰人传入中国（图409-410）。

| 图406 广州南越王墓出土古波斯裂瓣纹银盒 |
Lobed silver box from the tomb of the Nanyue King, Guangzhou（麦英豪等，2005年，第158页）

四、中国出土古波斯银盒及古波斯风格的文物

| 图 407　伊朗出土埃兰铭刻裂瓣纹银壶，平山郁夫藏品 |
Iranian silver vessel with lobed design, held in the Hirayama lkuo collection（黄山美术社，2019年，第77页）

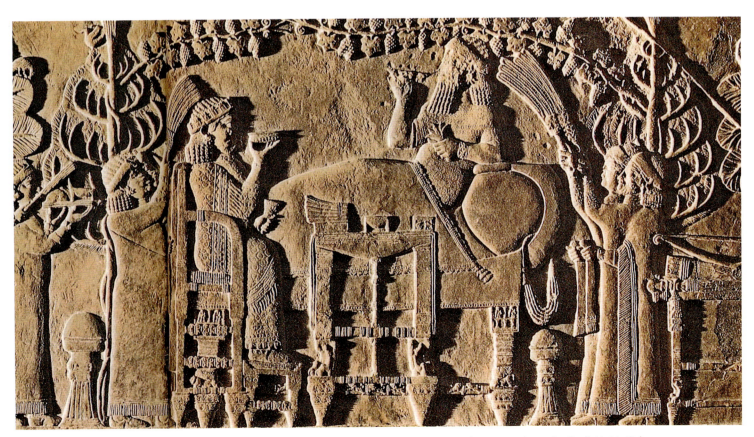

| 图 408　伊拉克出土亚述王巴尼拔在花园石板浮雕（约公元前7世纪），大英博物馆藏 |
Bas-relief showing Barnibal, King of Assyria (c. 7th century BC) drinking from a lobed vessel in a garden context, unearthed in Iraq, held in the British Museum

375

| 图409 南俄草原斯基泰古墓出土古波斯裂瓣纹金钵，艾尔米塔什博物馆藏品 |

Gold bowl with Persian lobed design excavated from a Scythian tomb in the South Russian Steppe, held in the collection of the Hermitage Museum

| 图410 宁夏固原南郊西汉墓出土镶嵌波斯松石、红珊瑚焊金珠金饰带，宁夏回族自治区博物馆 |

Gold belt decorated with various precious stones excavated from a Western Han tomb in southern Guyuan, Ningxia. (Annette L. Julliano and Judith A. Lerner, 2001, p.42)

四、中国出土古波斯银盒及古波斯风格的文物

2004年，山东青州市东高镇西辛村战国大墓出土了5件银器，皆有铭文。其中两件为裂瓣银盒（图411-412），形制相同。银盒采用子母口，盒下有后配的青铜圈足，盖上有三个后配的青铜钮，未见铆接痕迹，应为焊接。圈足内嵌漆木盖，似钤有方印，但印文不清楚。圈足旁腹壁上有汉文铭文。其中B1:11号银盒，腹径11.3厘米、底径5.6厘米、高11.1厘米，重375.25克（山东省文物考古研究所、青州市博物馆，2014年，第4-32页）。

| 图411 山东青州西辛战国墓出土古波斯裂瓣纹银盒 |

Lobed box excavated from a Warring States tomb, Xiqin, Qingzhou, Shandong.

山东西辛西汉齐王墓是1978年胶济铁路建设时挖掘的，保存完好。一号陪葬坑为器物坑，位于北墓道西侧，出土了大批青铜器和银器。银器皆为锻造，包括裂瓣纹银盒1件（图414），银匜1件，银盘3件（山东省淄博市博物馆，1985年）。银盒编号QK1:72，通高11厘米、口径11.4厘米，重570克。盖上有三个青铜兽钮，盒下有青铜圈足，钮及圈足均为铆接，器腹内底及圈足旁腹壁上各有一处铭文，均为"南木"。所谓"南"，是齐王食官"齐大官南宫"之简称，而"木"是工师或工匠名称（李零，2014年，第58-70页）。

这个银盒的制作工艺与古波斯银豆（图143）相像。

| 图412 山东青州西辛战国墓出土古波斯裂瓣纹银盒 |

Lobed box excavated from a Warring States tomb, Xiqin, Qingzhou, Shandong

第四章　张骞通西域前的丝绸之路

| 图 413 古波斯帝国狮子铺首裂瓣纹银豆，直径 19 厘米（美国私人藏品）|
The Achaemenid silver bowl with raised fig form ovals and with three snarling lion head handles, the rim diameter 19 cm (American Private collection)

| 图 414 山东西辛西汉齐王墓陪葬坑出土古波斯裂瓣纹银盒 |
Lobed box excavated from the Western Han tomb of Qi King, Xixin, Shandong

四、中国出土古波斯银盒及古波斯风格的文物

1997年，安徽巢湖市北头山一号汉墓出土了一件古波斯裂瓣纹银盒（图415）。墓中同出银器还有盘1、匜2、洗1。据考证，此墓为西汉曲阳君胤之墓。裂瓣纹银盒高11.4厘米，口径11.2厘米。盖、器皆有铭文。盖铭在盖顶（安徽省文物考古研究所，2007年，第105-107页；李零，2014年，第58-70页）。

图415 安徽巢湖市北山头西汉墓出土波斯裂瓣纹银盒

Persian lobed silver box excavated from a Western Han tomb. Beishantou, Chaohu City, Anhui Province

2009—2012年，江苏盱眙县大云山一号汉墓出土了一件古波斯裂瓣纹银盒（编号M1K1⑥：661），通高12.1厘米，口径13.2厘米（图416）。器型与广州象岗南越王墓所出古波斯风格的银盒几乎完全相同（南京博物院等，2013年，第44页）。

图416 江苏大云山西汉江都王墓出土古波斯银盒

Persian lobed silver box excavated from the tomb of King Jiangdu of the Western Han dynasty, Dayunshan, Jiangsu

第四章　张骞通西域前的丝绸之路

据考证，江苏盱眙县大云山一号汉墓为西汉江都王刘非墓。此墓还出土了两件裂瓣纹银盘，器型、尺寸完全相同。第一件银盘（编号 M1: 3980）口径38厘米，底径22.4厘米，高6.4厘米（图419），与古波斯银盘如出一辙（图417-418）。

| 图417 阿塔薛西斯一世三语铭文裂瓣纹，口沿刻有楔形文字，美国弗利尔美术馆藏 |
Sliver plate. Achaemenid Iran, late 6th-4th c. BCE. Hammered silver. Freer Gallery

| 图418 阿塔薛西斯一世三语铭文裂瓣纹，口沿刻有楔形文字，美国弗利尔美术馆藏 |
Silver plate. Achaemenid Iran, late 6th-4th c. BCE. With the trilingual inscriptions in the cuneiform script. Freer Gallery

| 图419 西汉江都王墓出土古波斯裂瓣纹银盘 |
Silver plate with Persian lobed design excavated from the tomb of King Jiangdu of the Western Han. Dayunshan, Jiangsu（南京博物院等，2013年，第44页）

四、中国出土古波斯银盒及古波斯风格的文物

云南晋宁县石寨山滇王家族墓地出土过四件裂瓣纹铜盒。1956—1957年出土两件，年代在公元前175—前118年之间。11号墓所出铜盒（编号M11：6），器盖上有三个鸟形钮，子母口，无铭文。12号墓所出铜盒（编号M12：33），通高12.5厘米，口径13.4厘米，腹径14.2厘米，圈足径7厘米。器形、纹饰等皆与11号墓所出相同，唯器盖顶三钮作豹形（图420）。1958年，该墓地23号墓又出土了两件铜盒，年代皆在西汉晚期，均高11厘米，范铸镀锡（云南省考古研究所等，2009年，第38页）。这四件裂瓣纹青铜盒与山东战国齐王墓和广州南越王墓出土裂瓣纹银盒几乎完全相同。卢里斯坦青铜器有类似的裂瓣纹铜钵，皆无器盖，如卢浮宫藏古波斯裂瓣纹铜钵，年代在公元前6世纪（图421-422）。

| 图420 云南晋宁石寨山西汉滇王墓（M12）出土三豹钮裂瓣纹铜盒 |
Lobed bronze box with three lions excavated from tomb M12, Shizhaishan, Jinning, Yunnan

| 图421 卢里斯坦青铜器裂瓣纹铜钵 |
Bronze bowl with lobed design from Luristan, Iran

| 图422 卢浮宫藏古波斯裂瓣纹铜钵 |
Lobed copper bowl held in the Louvre

1999年，山东章丘洛庄汉墓出土了一个鸟纹大角格里芬金节约（图423:2），与汉景帝三年（前154）年徐州刘执墓鸟纹大角狼纹鎏金铜牌（图423:3）相似，皆有鸟纹犄角。此类怪兽最早见于古波斯帝国时期色雷斯艺术，如纽约大都会艺术博物馆藏色雷斯银杯鸟纹大角鹿（图423-1）。

| 图423:1 纽约大都会艺术博物馆藏色雷斯银杯 |
| 图423:2 山东博物馆藏洛庄汉墓出土金节约 |
| 图423:3 徐州汉景帝时期刘执墓出土格里芬狼羊纹鎏金铜牌 |

423:1 Thracian silver cup, Metropolitan Museum of Art;
423:2 Jieyue (bridle loops) excavated from a Han tomb in Luozhuang, Shandong Museum;
423:3 Gilded bronze plaque depicting griffin, wolf and sheep, excavated from tomb of Liuzhi during the period of Emperor Jing of the Han Dynasty in Xuzhou

四、中国出土古波斯银盒及古波斯风格的文物

瘤牛是印度和犍陀罗地区特有动物，古波斯帝国时期传入巴比伦，见于波斯波利斯王宫浮雕（图187和226-227）；汉代传入中国，《汉书·西域传》称之为"封牛"。新疆乌苏市乌孙墓出土过一个金瘤牛像（图424）。云南晋宁石寨山西汉墓出土青铜器中有许多瘤牛像（图425）。

| 图424 新疆乌苏市四棵树古墓出土金瘤牛，战国时期，通高1.4厘米，宽2.8厘米 |
Gold figurine of a zebu. Excavated from a tomb at Sikeshu in Wusu, Xinjiang. H. 1.4, W. 2.8 cm（祁小山、王博，2008年，第235页，图7）

| 图425 印度瘤牛青铜像，云南晋宁石寨山西汉墓出土 |
The bronze figurines of zebu. Excavated from a Western Han tomb. Shizhaishan, Jinning, Yunnan

参考文献
Reference

（中文以作者姓名汉语拼音为序；西文以作者姓名的字母为序）

一、中文部分

安徽省文物考古研究所：《巢湖汉墓》，文物出版社，2007年。

[汉]班固著：《汉书》，中华书局，1962年。

[法]伯希和著，冯承钧译：《景教碑中叙利亚文之长安洛阳》，《西域南海史地考证译丛》第一编，商务印书馆，1962年。

[德]卡尔·雅斯贝尔斯著，魏楚雄等译：《论历史的起源与目标》，华夏出版社，1989年。

[美]德布拉·斯凯尔顿、帕梅拉·戴尔著，郭子林译：《亚历山大帝国》，商务印书馆，2015年。

[法]杜德兰：《异质文化撞击与交流的范例——淅川下寺墓随葬器物的产地及相关问题》，《江汉考古》1996年第2期。

邓秋玲：《论山字纹铜镜的年代与分期》，《考古》2003年第11期。

方诗铭：《释"秦胡"——读新出居延汉简"甲渠言部吏毋作使属国秦胡卢水士民书"札记》，《中国历史博物馆馆刊》1979年第6期。

[唐]房玄龄等撰：《晋书》，中华书局，1974年。

[法]戈岱司编，耿昇译：《希腊拉丁作家远东古文献辑录》。中华书局，1987年。

高田时雄：《Khumdan的对音》，朱凤玉、汪娟编《张广达先生八十华诞祝寿文集》，台北：新文丰出版公司，2010年。

郭子林：《波斯人统治埃及新探》，《史学集刊》2015年第3期。

高西省、杨国庆：《洛阳出土战国特种工艺铜镜及相关问题研究》，《中原文物》2007年5月。

广州市文物管理委员会等：《西汉南越王墓》，文物出版社，1991年。

拱玉书：《西亚考古史》，文物出版社，2002年。

哈密博物馆编：《哈密文物精粹》，科学出版社，2013年。

黄山美术社编：《昆化之西——平山郁夫藏丝路文物精粹》，上海书画出版社，2019年。

湖北省荆州地区博物馆编：《江陵马山一号楚墓》，文物出版社，1985年。

黄吉博：《洛阳市西工区C1M3943战国墓》，《文物》1999年第8期。

季羡林：《中国蚕丝输入印度问题的初步研究》，《历史研究》1955年第4期。

季羡林：《中印文化关系史论文集》，三联书店，1982年。

季羡林等校注：《大唐西域记校注》，中华书局，1985年。

孔祥星、刘一曼：《中国古代铜镜》，文物出版社，1984年。

孔祥星、刘一曼：《中国铜镜图典》，文物出版社，1992年。

李零：《论西辛战国墓裂瓣纹银豆——兼谈我国出土的类似器物》，《文物》2014年第9期。

李零：《波斯笔记》，三联书店，2019年。

李铁匠选译：《古代伊朗史料选辑》，商务印书馆，1992年。

李铁生编：《印度币》，北京出版社，2011年。

李伟：《古巴比伦的度量衡单位制》，《中国计量》2006年第5期。

林钧永：《古印度列国时代的压印式钱币简述》，《新疆钱币》2005年第2期。

林梅村：《狮子与狻猊》，《汉唐西域与中国文明》，文物出版社，1998年。

林梅村：《古道西风——考古新发现所见中外文化交流》，三联书店，2000年。

林梅村：《丝绸之路考古十五讲》，北京大学出版社，2006年。

林梅村：《海内存知己，天涯若比邻——2012年伊朗考察记之二》，《紫禁城》2012年第5期。

林梅村：《家驴入华考》，《欧亚学刊》新7辑，商务印书馆，2018年。

林梅村：《惊鸿一瞥——阿富汗国宝香港展随想》，香港历史博物馆编《尘封璀璨——阿富汗古文物》，香港历史博物馆，2019年。

[美] 罗斯托夫采夫（M.Rostovtzeff）著，卓文静译：《南俄的辛梅里安人和斯基泰人（公元前7—前5世纪）》，余太山、李锦绣主编《欧亚译丛》第四辑，商务印书馆，2018年。

林怡娴：《张家川马家塬战国墓地出土玻璃与相关材料研究》，《文物》2018年第3期。

林志纯主编：《世界通史资料选辑（上古部分）》，商务印书馆，1974年。

刘欣如：《印度河文明的对外贸易》，《南亚研究》1987年第1期。

麦英豪、黄淼章、谭庆芝：《广州南越王墓》，三联书店，2005年。

南京博物院等：《江苏盱眙县大云山西汉江都王陵一号墓》，《考古》2013年第10期。

[宋] 欧阳修，宋祁：《新唐书》，中华书局，1975年。

祁小山、王博编：《丝绸之路·新疆古代文化（续）》，新疆人民出版社，2016年。

[汉] 司马迁：《史记》，中华书局标点本，1959年。

山东省淄博市博物馆：《西汉齐王墓随葬器物坑》，《考古学报》1985年第2期。

山东省文物考古研究所、青州市博物馆：《山东青州西辛战国墓发掘简报》，《文物》2014年第9期。

孙建华编：《内蒙古自治区精品文物图鉴·金银器卷》，内蒙古大学出版社，2007年。

[日] 田边胜美等编：《世界美术大全集东洋编16 西アジア》，东京：小学馆，2000年。

[英] 汤姆·霍兰著，于润生译：《波斯战火：第一个世界帝国及其西征》，中信出版社，2016年。

王永生：《货币文化交流史话》，社会科学文献出版社，2016年。

夏鼐：《我国出土的蚀花的肉红石髓珠》，《考古学和科技史》，科学出版社，1979年。

新疆社会科学院考古研究所：《新疆阿拉沟竖穴木椁墓发掘简报》，《文物》1981年第1期。

[古希腊]希罗多德著、徐松岩译注：《历史》，中信出版社，2013年。

肖璇：《白起拔郢对郢的破坏及对楚国手工业的影响》，《理论月刊》2005年第2期。

云南省考古研究所等：《晋宁石寨山》，文物出版社，2009年。

赵德云：《中国出土的蚀花肉红石髓珠研究》，《考古》2011年第10期。

二、西文部分

Bolelov, S. B. and T. K. Mkrtychev, *Religions and Cults of pre-Islamic Central Asia (4th cent. BC – 4th cent. AD)*, Moscow, 2013.

Bunker, Emma C. et al., *Nomadic Art of the Eastern Eurasian Steppes: The Eugene V. Thaw and Other New York Collections*, the Metropolitan Museum of Art, New York, Yale University Press, New Haven and London, 2002.

Cummings, Lewis Vance, *Alexander the Great*, Grove Press, 2004.

Curtis, John E. and Nigel Tallis (eds.), *Forgotten Empire: The World of Ancient Persia*, London: The British Museum Press, 2005.

Dowlatshahi, Hengameh et al, *Iran: Joyau de Civilisation*, second edition, Centre Artistique Gooya, 2008.

Dyakonov, I. M., "Media," *Cambridge History of Iran*, Vol.II, Cambridge Press, *1986*.

Errington E., and J. Cribb, *The Crossroads of Asia*, Cambridge: The Ancient India and Iran Trust, 1992.

Focus, Evangelical, "King Darius I inscriptions found near Black Sea," *The Art Newspaper, Moscow*, 29 August 2016.

Frankfort, Henri, *The Art and Architecture of the Ancient Orient, Pelican History of Art*, Penguin, 1970.

Heidemarie Kokh, Persepolis and its Surroundings, *Tehran: Yassavoli Pubications*, 2006 (repr. In 2015).

Henning, W. B., "The Date of the Sogdian Ancient Letters," *Bulletin of the School of Oriental and African Studies*, Vol. 12, No. 3/4, University of London, 1948.

Hiebert, Fredrik, and Pierre Cambon, *Afghanistan Hidden Treasures from the National Museum, Kabul*, National Geography Society, 2009.

Julliano, Annette L. and Judith A. Lerner, *Monks and Merchants: Silk Road Treasures from Northwest China, Gansu and Ningxia, 4th-7th Century*, New York: Harry N. Abrams, Incorporated with Asia Society, 2001.

Koch, Heidemarie, *Persepolis: Hauptstadt des achämenidischen Grossreichs*, Tehran: Yassavoli Publication, 2011.

Koch, Heidemarie, *Persepolis and its Surroundings*, Tehran: Yassavoli Publication, 2015.

Krefter, Friedrich, *Persepolis Rekonstruktionen*, Berlin, 1971.

Kurke, Leslie, *Aesopic Conversations: Popular Tradition, Cultural Dialogue, and the Invention of Greek Prose*, PrincetonUniversity Press, 2010.

Lubec, G., J. Holaubek, C. Feldl, B. Lubec and E. Strouhal: "Use of Silk in Ancient Egypt," *Nature*, March 4, 1993.

Manetho, *History of Egypt and Other Works*, trans. by W. G. Waddell, Cambridge, Massachusetts: Harvard University Press, 1940.

Maspero, Gaston and Archibald H. Sayce, *History of Egypt, Chaldea, Syria, Babylonia and Assyria*, 1903.

Muscarella, Oscar W., "Bronzes of Luristan", *Encyclopedia Iranica*, 1989.

Nichols, Andrew G., *Ctesias: On India and fragments of his minor works*, London-New Delhi-New York-Sydney: Bloomsbury, 2011.

Phillips, E.D., "The Legend of Aristeas: Fact and Fancy in Early Greek Notions of East Russia, Siberia, and Inner Asia," *Artibus Asiae* XVIII-2, 1955.

Popescu, G. A., A. Alekseev and Ju. Piotrovskij, *Siberia: Gli Uomini Dei Fiumi Ghiacciati*, Milano: Electa, 2001, p.137.

Rice, Michael, *Who is who in Ancient Egypt*. London: Routledge, 2004.

Rudenko, Sergei I., *Frozen Tombs of Siveria: the Pazyryk Burials of Iron Age Horsemen*, trans. by M. W. Thompson, Berkeley and Los Angeles: University of California Press, 1970.

Schafer, H., *Die Aethiopische Königsinschrift des Berliner Museums*, 1901.

Schmidt, E. F., *Persepolis III: The Royal Tombs and Other Monuments (Oriental Institute Publications 70)*, University of Chicago Press, 1970.

Strabo, *The Geography of Strabo*, Vol. V, trans. by H.L. Jones, Cambridge, MA: Harvard Univeristy Press, 2006.

Sumner, William M., *Malyan Excavation Reports III: Early Urban Life in the Land of Anshan, Excavations at Tal-e Malyan in the Highlands of Iran*, University of Pennsylvania Museum of Archaeology and Anthropology, Monograph 117, 2003.

Tabeshian, Maryam, "Discovered Stone Slab Proved to be Gate of Cambyses's Tomb," *Payvand News*, December 13, 2006.

波斯波利斯万国之门与王宫遗址全景图

A panoramic view of the Gateway of All Lands and palace sites of Perspolis (After Friedrich Krefter, 1971)

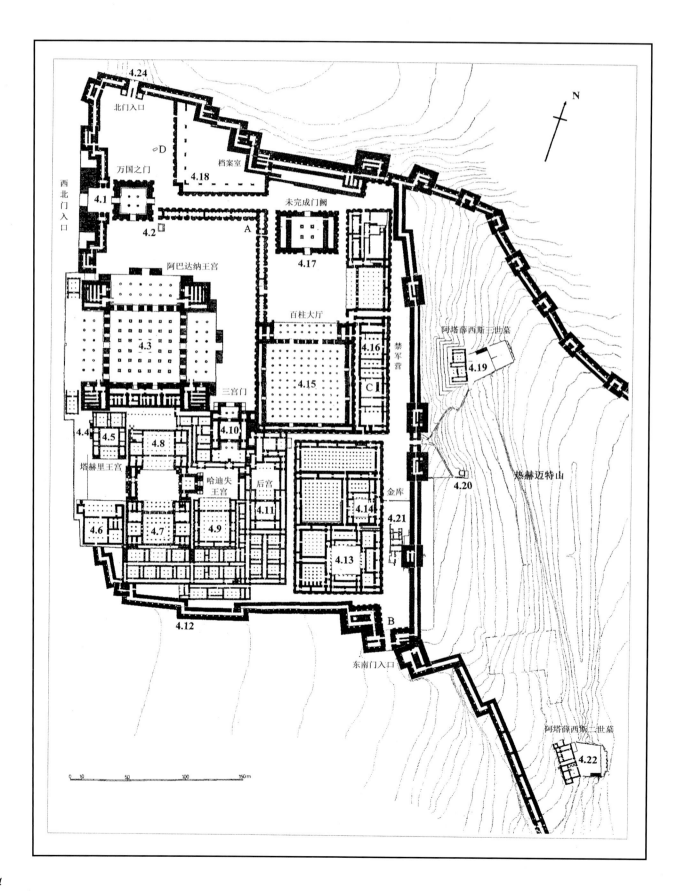

索 引

A

阿巴达纳王宫　46, 56, 61, 97, 109, 141, 144, 146, 148, 150, 152, 154, 156, 158, 160, 162, 164-166, 168, 170, 172, 175-197, 199-207, 209, 210, 215-216, 219, 221-222, 224, 228, 230, 232, 234, 236, 238, 240, 242, 245-246, 248, 250-254, 257, 259, 261-262, 265, 267, 269, 271, 273, 275, 277, 279, 281, 282, 284-290, 292-294, 296-298, 301-309, 350, 353, 356, 364

阿巴达纳王宫东踏道23郡国贡使浮雕图序　150

阿巴达纳那王宫北踏道波斯各地贡使浮雕图序　288

阿芙罗多迪　347

阿胡拉·玛兹达　49, 74, 75, 81, 84, 88, 89, 91, 129, 358

阿卡德语　14, 84, 88, 90, 129

阿拉伯　82, 88, 91, 114, 116-117, 120, 144, 188, 261-262, 265, 267, 274, 279, 306-307

阿拉美文　89, 97, 114-116, 222, 229

阿拉美文金叵罗　226-227

阿拉霍西亚　11, 49, 82, 88, 91, 105, 108, 109, 146, 234, 236, 238, 301

阿拉沟　354, 355, 358, 386

阿里斯铁阿斯　327

阿姆河宝藏　94, 96, 157, 209, 222, 226, 239, 245, 346, 357

阿蛮　8, 11, 14, 21, 42, 43

阿尔泰山　23, 209, 213, 326-328, 330, 339-343, 355, 366

阿托莎　18, 20, 28

阿契美尼德　11, 21, 81

阿伊哈努姆　02, 03

阿育王碑铭　229

阿瑞斯　347-349

阿塔薛西斯二世　03, 4, 34, 60, 92, 112, 117, 120, 123, 126, 128, 136, 326

爱奥尼亚　21, 45, 49, 72, 75, 88, 91, 122, 128, 174, 216, 219, 221, 297, 312, 314

艾丁湖古墓　359, 360

艾尔米塔什博物馆　112-113, 124, 239, 328, 330, 332, 353, 360, 374, 376

埃兰　2, 5, 11, 42, 44, 48, 49, 82, 84, 88-91, 94, 95, 97, 100, 114, 129, 140, 149, 156, 158, 160, 162, 288, 289, 294, 375

埃兰长老像　98, 99

安佛拉银罐　347-348

安禄山　246

安纳托利亚　26, 199, 268, 338

安息　05, 100, 189

安善　2, 4-8

鞍鞯　328, 332

B

巴比伦　02, 4, 8, 11, 14, 21, 26, 34, 36, 37, 42, 45, 49, 50, 51, 52, 54, 55, 64, 75, 82, 84, 88-92, 114, 117, 118, 121, 128, 139, 174-176, 178, 292, 339, 383

巴尔干半岛　21, 23, 89, 256

巴尔迪亚　4, 11, 18, 21, 84, 88

巴格达伊拉克国家博物馆　370

巴克特里亚　11, 14, 26, 45, 82, 88, 91, 92, 100, 102, 104, 146, 222-224, 371

巴基斯坦　26, 110-111, 128-129, 228, 229, 234, 251, 338, 347, 362

巴尼拔　375

巴泽雷克　209, 213, 327-333, 340, 341, 355, 366

拜勒其尔古墓　365

百柱大厅　56, 60, 129, 131, 132-133, 136, 204, 208

北斗七星纹漆盒　333, 354

贝希斯敦铭文　21, 22, 84, 85, 88-90, 120-122, 344, 358

波斯波利斯　8, 11, 20, 28, 34-37, 42, 56-58, 60, 61, 71, 72, 74, 75, 90, 92, 94, 95, 97, 105, 129, 131, 136-140, 143, 144, 146, 148, 158, 164, 168, 174, 188, 195, 199, 204, 208, 219, 222, 228, 234, 240, 245, 246, 251, 256, 261, 268, 274, 280, 287, 311, 318, 337, 338, 350, 352, 356, 357, 363, 364, 383, 402

波斯太守向色雷斯人征税图　260

伯希和　03, 326, 384

宾夕法尼亚大学考古与人类学博物馆　195

C

刺绣　330, 332, 354

长矛　228, 230, 256, 257, 268, 269, 298

城垛纹　363, 364

楚怀王　373

楚国丝绸　209, 213, 332

春秋战国　03, 326, 362, 363, 366, 369, 372, 401

D

大都会艺术博物馆　128, 149, 260, 329, 342, 351, 352, 359, 371, 382

大流士瓶　28, 118, 119, 260

大流士一世　4, 21-23, 26, 28, 34, 45, 47, 49, 56, 62, 80, 81, 83, 84,

88，91，92，100，104，114，120，127，132，136，139，240，358

大流士一世造像埃及文　83

国名录　82，83，91

大流士三世　4，36-38，56，80

大夏　02，03，26，104，222，326，362，371

大英博物馆　14-15，94，114，121，166-167，173，222，226，239，245，251，288，346，359，367，375

大宛　05，144，361

大云山一号汉墓　379，380，385

大秦景教流行中国碑　03，326，361

单峰驼　261，267

德尔菲箴言　02

德黑兰国家考古博物馆　03，138，308，314，316，337

地理志　03，16

地中海　11，23，195，274，339

帝王谷　5，6，7，62，72，75，91，92，95，107，117，118，358，388

短剑　114，148，152，158，160，209，246

盾牌　91，228，230，256，257，268，269，298

《独目人》　327

E

鄂尔多斯　351，355，356

俄罗斯　03，21，113，327，330，331，340

俄罗斯图瓦共和国　368

F

菲利普二世　347，348

腓尼基　23，91，114，120，195，339

腓尼基玻璃器　195，327

腓尼基蜻蜓眼玻璃珠　340-342

蜂窝纹玻璃　195

封牛　228，383

弗里吉亚　91，122，199

G

冈比西斯一世　4

冈比西斯二世　4，11，16，18，19，20，21，28，120，127

格里芬　44，107，327，328，357，382

弓　75，84，86-87，102，104，114，158，160，189，209，223

古实　18，127，129

贵霜　228

H

汗血马　144，228，244-245

汉武帝　244，349，351，362

哈迪失王宫　74，75，168，172，311，316-323，352

哈拉帕文明　362

哈密　368，369，384

焊金珠　365，376

赫梯　26，338

黑海　11，92，123，166，167，340

鹤嘴锄　246

《汉书》　108，189，228，361，383，384

和田　362，363，370

赫拉特　14，88，102-103，189，234，370

河南淅川下寺楚墓　362-363

亨宁　361

黄牛　204-205，268-269

黄铜（鍮石）　05

黄河　195，268，339

霍加波　280-281，285

霍去病　349

火坛　75，358

火祆教　84，358

呼罗珊大道　14，26

湖北江陵望山2号墓　371-372

湖北江陵马山1号楚墓　332

J

疾陵　11，82，88，91，105，108，146

罽宾　189，228

祭坛　63，75，107，347，358

吉谢列夫　327

家驴　204，350，351，385

犍陀罗　11，26，45，88，91，109，110，114，146，228，230，232，234，298，321，383

尖帽斯基泰人　88，91，114，209，358，363

箭囊　302

节约　382

金匝罗　223

金银器　148-149，166，168，174，176，178，180，183，188，216，219，222，234，301，328，340，374，385

旧尼萨　244

居鲁士城　14，107

居鲁士大帝　4，8，11，14-18，20，26，28，50，57，75，106，107，112，122，128，148，401

居鲁士二世　4，8，11，100，121，164

居鲁士圆柱法典　4，14，15，16

K

卡里亚　45，89，91，122，126，128，146，268-269，271，273，306-307

卡帕多西亚　11，82，91，120，122，199，200，202，297

喀拉库姆沙漠　244

科佩特山　244

库姆丹（长安）　361

孔雀王朝　26，361

箜篌　366

裤子　114，148，152，199，200，209，210，240

L

来通　112，166-167，195，198，374

老虎纹　327，331

利比亚　18，23，82，91，126，127，

274-275, 277, 279, 308-309
裂瓣纹　374, 375, 377-381, 385
瘤牛　174, 176, 228, 230, 292, 298, 383
羚羊　352, 369
两河流域　49, 65, 97, 117, 128, 144, 158, 268, 338, 366, 368
卢里斯坦　2, 3, 94, 352, 359, 381
卢浮宫　13, 44, 45, 47, 49, 73, 98, 126, 149, 365, 381
禄山妮　18, 246
鲁金科　327
吕底亚　11, 26-27, 45, 64-65, 82, 88, 91, 112, 120, 122-123, 128-129, 180, 183, 185-187, 199, 292-293, 316, 333, 334, 337, 338-339
洛阳　03, 326, 341, 384

M

马卡　11, 82, 88, 91, 127, 128
马其顿　21, 36-37, 89, 91, 122-123, 126, 219, 348
马鞍　213, 328, 332
马车　156-157, 180, 183, 274, 275, 288, 289, 292
马萨格泰人　16
猫眼石　373
美索不达米亚　75, 117-118, 120, 128, 195, 338, 365
孟斐斯　18, 20, 120, 139
蒙古草原　349, 350, 361
米底　2, 4, 8, 11, 21, 28, 42, 43, 49, 50, 61-65, 72, 73, 75, 77, 82, 84, 88, 91, 92, 94, 95, 96, 100, 102, 104, 121, 136, 140, 141, 143, 144, 148, 149, 152, 154, 157, 162, 164, 168, 174, 178, 188, 189, 191, 199, 202, 209, 215, 222-224, 234, 236, 240, 246, 248, 256, 259, 268, 271, 280, 282, 284, 289, 297, 302, 315, 317, 320, 322, 323, 338, 352, 359
绵羊　192, 195, 268, 316, 374

N

南西伯利亚　327, 368
南俄草原　11, 94, 112, 347, 348, 359, 360, 376
南越王墓　195, 373, 374, 379, 381, 384, 385
尼罗河　23, 120, 280
努比亚　18, 49, 82, 91, 126-129, 146, 280-282, 284, 285, 308, 309
努比亚贡使　280-285, 308, 309
诺颜乌拉　03, 04

O

欧亚草原　113, 122, 195, 199, 268, 327, 347, 388

P

帕萨尔加德　8, 10-13, 15-17, 19-20, 57, 75, 84, 401
帕提亚　11, 14, 21, 26, 82, 88, 91, 100, 101, 106, 146, 168, 170, 172, 244, 294
帕尔米拉　195
平山郁夫　195, 198, 375, 384
铺首　378

Q

青铜直壁杯　2, 3
青铜香炉　335, 338
青铜像　13, 138-139, 260, 343, 347-348, 383
漆盒　333, 354
青海大通　335, 339
蜻蜓眼玻璃珠　339-342
秦国　335, 361, 362, 371, 373
秦王　373
乔底厘耶　26, 361
乔奢耶　361
秦始皇陵陪葬墓　371
青玉来通　374

且末　362-363, 366, 369

R

肉红石髓珠　128, 362-363, 385, 386
乳香　120, 261, 267, 338

S

撒马尔干城　14, 106
萨塔吉迪亚　82, 88, 91, 109, 146
萨迦尔提亚　88, 240-245
色雷斯　21, 82, 89, 91, 123, 125, 256, 257, 259, 260, 305-307, 382
色雷斯青铜骑士像　260
山字纹镜　329, 330, 341, 384
山羊柄蜻蜓眼纹金壶　340
珊瑚　228, 376
狮子　158, 160, 294, 328, 329, 332, 355, 378, 385
狮子皮　168, 172-173, 188, 294
狮子噬牛浮雕　356
狮子噬驴纹骨牌饰　350-351
双峰驼　168, 188, 222, 234, 371, 372
双轮单辕马车　183, 274
双兽耳金钵　234, 239
双羊柄金壶　148, 151
手镯　118, 148-149, 152, 180, 183, 186, 209, 210, 246, 292, 328, 346
琐罗亚斯德教　61, 358
斯托布斯　02
斯坦因　362-363
苏萨　26, 28, 42, 44, 45, 46, 47, 49, 81, 83, 92, 98, 127, 148, 149, 365
赛里斯（中国）　03, 326
斯基泰　03, 11, 16, 29, 82, 88, 91, 92, 104, 109, 112, 113, 114, 123, 124, 129, 195, 199, 209, 210, 215, 315, 321, 326-328, 333, 338, 339, 340, 343, 344, 346, 347, 348, 349, 351, 355, 358,

359, 361, 363, 369, 376, 374, 385
斯巴达　122, 219
粟特人　03, 92, 104, 106, 246, 326, 361
丝绸之路　05, 326, 361, 363, 385, 401, 402

T

塔克西拉　110, 228, 229
塔赫里王宫　56, 310-315
塔里木盆地　358, 362-363
塔吉克斯坦　114, 209, 222, 245
汤普森　327
特里坦塔伊赫米斯　88, 240
鍮石（黄铜）　05
铁剑　360
土库曼斯坦　107, 144, 145, 244-245
突厥语　327
吐鲁番　359, 360

W

万国之门　56, 136, 357
乌拉尔图　64, 121, 149, 164, 166, 199
乌沙克考古博物馆　183, 186, 338
五堡古墓　368
吴佳霍瑞斯奈特　18, 20

X

匈奴　03, 04, 335, 339, 349, 351, 361
希波战争　21, 29, 34, 120, 261
希罗多德　2, 26, 88, 89, 91, 92, 102, 104, 106, 109, 114, 122, 127, 128, 188, 223, 244, 251, 347, 386
锡尔河　14, 16, 106, 209, 246
锡亚勒克　2
西域　05, 108, 189, 228, 326, 338, 351, 361, 362, 366, 383-385, 401
西汉曲阳君胤之墓　379
西汉江都王刘非墓　380

西辛村战国大墓　377
昔兰尼　18, 127, 274
楔形文字　11, 14, 21, 26, 28, 42, 44, 45, 49, 84, 88-92, 97, 113, 114, 128, 129, 132, 149, 164, 240, 380
咸阳　361, 362
项圈　13, 346, 368
辛梅里安人　11, 122, 199, 385
叙利亚贡使　195-197, 296, 312, 314, 316
叙利亚　91, 114, 117-118, 146, 192, 195, 361, 384
漩涡纹　368
香炉　333, 335, 337, 338, 339
象牙　45, 280, 281, 353
象　228, 251
薛西斯一世　4, 20, 28-29, 33, 42, 91-92, 95, 117-118, 120, 122, 126-128, 136, 164, 244, 261, 358, 380
薛西斯王子　118, 338

Y

雅利安　11, 82, 88, 89, 91, 92, 100, 102, 103, 106, 109, 146, 188, 190, 191, 234, 312, 314
亚美尼亚　11, 29, 36, 82, 88, 91, 92, 100, 120-121, 142, 143, 149, 164-167, 296
亚述　2, 11, 13, 26, 50, 57, 64, 73, 75, 76, 80, 82, 88, 90, 91, 92, 94, 114, 117, 118, 122, 139, 148, 174, 195, 199, 338, 366, 374, 375
亚麻　148, 192, 195, 261, 316
亚历山大大帝　36-38, 41, 173, 246, 347
亚历山大城　108, 189
崖墓　62-65, 72, 76, 77, 148
羊首金来通　195, 198
耶槃那人　219
伊犁河　209, 343, 346, 365

伊塞克金人　114-115, 358
伊拉克　50, 57, 62-63, 72, 76, 117-118, 148, 370, 375
印度　01-03, 23, 26, 49, 62, 82, 89-92, 97, 109, 111, 114, 128-129, 139, 158, 228, 251-252, 254, 303-304, 326, 338, 347, 350, 361, 362-363, 373, 383-385
印度贡使　251-255, 303, 304
印度志　326
幼发拉底河　50, 117, 122, 339
于阗　355, 362
羽状地纹四叶镜　329-330
云南石寨山西汉墓　362, 381, 383
有翼神兽　166, 349

Z

泽拉夫善河　106, 246
曾侯乙墓　340, 342
扎洪鲁克墓地　362-363, 366, 369
毡帽　362-363
战斧　251, 252, 302, 359
战国铜镜　341
战国丝绸　327, 332
战国　03, 326-327, 329, 330, 332-333, 335, 338-342, 349, 354-357, 359, 361-363, 366, 369, 371-374, 377, 381, 383-385, 401
张仪　373
张骞　05, 100, 104, 111-112, 114, 209, 222, 326, 361
《政事论》　26, 361
支那斯坦　361
中山王陵　339-340, 349
周平王　03, 326
轴心时代　01, 02, 402

INDEX

A

Achaemenid 2, 4, 13, 24, 27, 29, 71, 80, 83, 89, 110, 129, 136, 142, 145, 198, 226, 239, 340, 365, 374, 378, 380
Agate beads 363, 365
Alexander the Great 38, 41, 386
Altai 327, 332, 333, 366
Altai Mountains 213, 326, 341
Alagou timber tomb 354, 355, 358
Altar 63, 358
Alyattes 122, 199
Alzan 368
Amphora 187, 347, 348
Antelope 275, 279
Anshan 2, 4-7, 387
Apadana 46-47, 61, 97, 136, 141, 144, 146, 148, 150, 152-156, 158-166, 168-172, 175-186, 188-194, 196, 197, 199-225, 228, 230-238, 240-309, 350, 356, 364
Arachosian 108, 234, 236, 238, 301
Arabian Tribute 261-267
Armenian 121, 164, 165, 167, 296
Artaxerxes II 4, 34, 60, 117, 120, 123
Artaxerxes III 4, 35, 72, 95, 100, 105, 109
Ashoka 229
Assyrian 73, 76, 117-119, 367
Arya 83, 100, 102-103, 312
Aryan 94, 102-103, 150, 188, 190-191, 314

B

Babylon 50-55
Babylonian 117, 175-179, 292
Bactrian 104, 222-225 371 372
Battle-axes 302
Barnibal 375
Bardiya 4, 18
Bashlik 123, 126, 148
Behistun inscription 22, 85-87, 89, 344
British Museum 15, 157, 167, 173-174, 226, 239, 245, 251, 288, 346, 359, 367, 375, 386
Bronze collar 346
Bronze camel 371, 372, 373
Bronze lamp 372
Bronze mirror 329, 341, 373
Bronze serpent column 31-32
Bull 49, 346, 356, 360

C

Cambyses I 4
Cambyses II 4, 18, 20,
Cappadocian 122
Carian 128, 269-273, 306-307
Carpet 174, 176, 332, 370
Cemetery of Issyk 358
Chorasmians 107
Cimmerians 122, 199
Clearchos 2
Cuneiform inscription 21, 28, 45, 89, 92, 113, 380
Cyrene 127
Cyropolis 14, 107
Cyrus the Great (Cyrus II) 4, 8, 12, 15, 17, 20
Cyrus Cylinder 14, 15

D

Darius I 4, 20-22, 45, 47, 77, 80-83, 92, 114, 118-119, 132, 142, 143, 260,
Darius II 4, 126,
Darius III 4, 36-39
Drangian 105, 108
Delphi 02, 30-31, 32, 205
Donkey 252, 350, 351

E

Eastern stairway of the Apadana 141, 144, 146, 148, 150, 152-285
Ecbatana 8, 42
Egyptian 20, 81-83, 117, 120, 139, 204-208, 339
Elamite 48, 89, 95-99, 156-162, 288-289, 294
Ewer with two sheep handles 151
Eye designs 339, 340
Eye beads 341, 342

F

Ferghana horse 244, 245
Freer Gallery 380

G

Gandharian 110, 228, 230, 232, 298, 321
Gate of All Nations 136, 357
Glass bead 340, 341, 361
Glass bottle 198, 316
Glass cup 176, 192
Gold bowl 42, 115, 226-227, 239, 292, 376
Gold bowl with an inscription in Aramaic script 226-227
Gold plaque 121, 209, 355
Gold pot 125, 239
Golden ewer with goat handle 340
Golden statue of an Elamite elder 98, 99
Griffin 107, 328, 357

H

Hadish 74, 136, 172, 316-323, 352
Harp 366
Hermitage Museum 112-113, 124, 238, 239, 328, 329, 332, 333, 353, 360, 374, 376
Henning, W. B. 361, 386
Herodotus 128
Hirayama Ikuo 198, 375
Hundred Columns 60, 129-133, 136, 208

I

Incense burner 335, 337, 338
Indian 111, 251, 252-254, 303-304, 350

INDEX

Ionian 122, 216-221, 297

K
Kauṭilīya 26, 361
Kalaly-gyr 107
Kandahar citadel 238
Khotan 363, 370
Khumdan 361, 384
Kiselev, S. V. 327
Kush 127

L
Lake Van 28-29
Lion 51, 107, 138, 148, 149, 151, 160, 294, 329, 332, 350, 353, 355, 356, 378, 381
Lion skin 170-172, 188, 294
Lybian 127, 275-279, 308, 309
Lydian 27, 122, 180, 183, 185-187, 292, 293, 316, 334, 337, 338
Luristan 3, 352, 359, 381, 387
Luoyang 341

M
Macedonian 126
Maka 127-128
Metropolitan Museum of Art 128, 149, 260, 329, 342, 351-352, 359, 382, 386
Median 4, 43, 61-64, 76, 94-96, 141, 142-144, 148, 152-157, 176, 191, 202, 215, 224, 236, 248, 259, 271, 282, 284, 289, 297, 302, 307, 315, 317, 320, 322-323, 352, 359

N
Naqsh-e Rustam 6, 7, 62, 71, 72, 92, 95
Nubian 127, 281-285, 308-309
Noin Ula 04

O
Okapi 280, 281, 285
Old Nisa site 244
Oman 139, 267
Ordos 351, 356
Oversea Scythian 123-124
Oxus 96, 157, 209, 226, 239, 245, 346, 357

P
Palmira 195
Pakistan 110, 229, 251
Panagyurishte Treasure 123, 125
Parthian 100-101, 168-172, 294
Pasargadae 8-12, 15, 17, 19
Pazyryk 327, 328, 329, 332, 333, 366, 387
Perserschutt 29-31
Persian satrap collecting a tax from Thracians 260
Phrygia 65, 199
Philip II 348
Pickaxe 246
Pillar of Ashoka edict 229
Prince Xerxes 119, 142-143

Q
Qiemo 362-363, 366, 369

R
Rhyton 167, 198, 374
Rhoxsane 18
Robe 152, 200, 210, 332
Rock-cut tomb 60, 72, 76-77
Russian steppe 347, 348, 360, 376
Rudenko, S. I. 327

S
Sattagydians 109
Saka 109, 112, 114, 209
Sakā haumavargā 11, 109, 112
Sakā tigraxaudā 114
Schmidt, E. F. 57, 136, 146, 387
Scythian 112, 114, 123-124, 209, 210, 215, 315, 321, 338, 343, 344, 347, 348, 358, 360, 361, 369, 376
Seres 03, 326
Skudra 123
Silver cup 152, 170, 176, 188, 382
Silk 213, 332, 387
Silk Road 326, 386
Soli 02
Sogdian 100, 246-250, 302, 314, 315, 386
Sogdiana 83, 100, 106, 312 314
Sparda 122

Sr γ 03, 326
Susa 45-49, 81-83, 149, 365
Sword 125, 160, 246, 353, 360

T
Taxila 110, 229
Tachara 56, 136, 311-315
Tehran National Archaeological Museum 3, 20, 42, 138, 198, 308, 314, 316, 337
Thataguš 109
Thompson, M. W. 327, 387
Thracian 123, 125, 257, 259, 260, 305, 307, 382
Tomb of Cyrus the Great 15-17
Tomb of Cambyses II 19
Tomb of Median noblemen, Kermanshah 62-63
Tripylon 61, 136
Turkmanastan 244

U
Udjahorresnet 18
Urartu 121, 164, 199

V
Varna Treasure 123

W
War horse 200, 210, 240, 246, 257, 302
Warring States 329, 332, 341-343, 349, 356-357, 359, 362, 372, 377
Western stairway of the Apadana 311-315

X
Xerxes I 4, 20, 28, 42, 95, 122, 128, 358

Y
Yavana 219

Z
Zebu 176, 230, 292, 298, 383
Zoroastrian 61, 63, 358
Zhahongluke 362, 363, 366, 369
Zhongshan royal tomb 340, 349

后 记
Postscript

  1994 年 5 月，经季羡林、宿白两位教授推荐，我从中国文物研究所调回北京大学考古系（今考古文博学院）从事教学工作；创建北大中外文化交流考古三级教学体系，为本科生开设丝绸之路考古、为研究生开设西域考古与艺术、碑铭所见中外文化交流、蒙元考古与艺术、欧亚草原考古、海上丝绸之路、中亚民族与宗教等课程，至今已有 27 个寒暑。

  中东地区是人类文明的发源地之一，中国春秋战国时期至明代遗址和墓葬出土了大批与波斯文化相关的文物。可惜缺乏实地调查，波斯考古成为我们教学的难点，只能利用二手资料进行教学和研究。

  2012 年 1 月，我们终于得到一个机会，应伊朗国家考古博物馆馆长大流士·阿克巴扎德（Daryoosh Akbarzadeh）邀请，出席德黑兰举办的"古代伊朗与中国"国际学术讨论会。会后考察了德黑兰、加兹温、卡尚、伊思法罕、亚兹德、设拉子、菲鲁扎巴德、霍尔木兹岛等地古波斯、萨珊波斯和阿拔斯王朝文物古迹。

  2017 年 1 月，我又与北大中文系李零教授带研究生再次赴伊朗考察。这次考察从南至北，先赴波斯湾米纳布、霍尔木兹岛、尸罗夫港考察古港口；然后重访菲鲁扎巴德、帕萨尔加德古波斯皇家花园和居鲁士大帝陵墓、波斯波利斯王宫遗址、帝王谷古波斯王崖墓；最后飞往大不里士，在伊斯兰圣地——阿尔德比勒灵庙结束考察。

后 记

第一次伊朗考察后，我在北大本科丝绸之路考古和研究生课程上开始使用伊朗实地考察所获第一手资料。此外，我还在故宫博物院《紫禁城》杂志连续发表了五篇伊朗访古记，在英国《古物》杂志（Antiquity）发表了一篇关于郑和下西洋的学术论文。

为了让海内外广大读者更为深入地了解波斯考古与艺术，我们把目前收集到的古波斯文物考古资料结集为一书，题为《轴心时代的波斯与中国》。这项出版计划得到西北大学出版社马来社长大力支持，三顾茅庐，亲自到北京与我商谈此事。责任编辑马若楠女士为编辑、设计、校对书稿付出了大量心血。此外，我还要感谢梁鉴、任超、孙志军三位老友和学生刘拓，他们不仅陪我赴伊朗实地考察，而且提供了大批高像素遗址和文物照片。我的学生郝春阳和洪雷绘制了大批精美的线图，另外两位学生马丽亚·艾海提和达吾力江·叶尔哈力克编制了本书的中英文索引，英国学者凤飞（Francesca Monteith）博士为本书英文部分定稿，一并在此表示我由衷的感谢。书中的错误自然要由我个人负责。

林梅村
2021 年 1 月 5 日于京城蓝旗营寓所